확신의 죄

THE SIN OF CERTAINTY
by Peter Enns

Copyright © 2016 by Peter Enns
All rights reserved.
Korean translation copyright © 2018 by VIATOR

This translation published by arrangement with HarperOne through EYA(Eric Yang Agency).

이 한국어판의 저작권은 EYA(Eric Yang Agency)를 통한 HarperOne과의 독점계약으로 비아토르가
소유합니다. 저작권법에 의하여 한국 내에서 보호를 받는 저작물이므로 무단전재와 복제를 금합니다.

확신

의 죄*

피터 엔즈 지음, 이지혜 옮김

비아
토르
viator

언제나 사랑하는 고마운 우리 가족과
수고하고 무거운 짐 진 사람들, 쉼을 찾는 모든 이에게 드립니다.

너희 중에 여호와를 경외하며 그의 종의 목소리를 청종하는 자가 누구냐?
혹암 중에 행하여 빛이 없는 자라도 여호와의 이름을 의뢰하며
자기 하나님께 의지할지어다. 이사야 50:10

너는 마음을 다하여 여호와를 신뢰하고 네 명철을 의지하지 말라. 잠언 3:5

지식도 폐하리라. 우리는 부분적으로 알고…. 고린도전서 13:8-9

무릇 나의 영혼에는 재난이 가득하며
나의 생명은 스올에 가까웠사오니. 시편 88:3

1. 내가 무엇을 믿는지 더 이상 모르겠다

참 고맙네요, 월트 디즈니 씨

몇 년 전, 서부에서 열린 학술회의(너무 지루해서 '주여, 저를 이곳에서 구원하소서'라는 말이 절로 나왔다)를 마치고 돌아오는 길이었다. 기내에서 영화라도 보면서 무료함을 달래려는데, 디즈니 영화 〈비밀의 숲 테라비시아Bridge to Terabithia〉[1]를 제외하고는 별로 눈에 띄는 작품이 없었다. '흠… 안 될 것 없지 뭐. 한번 보자'는 마음이 들었다. 정확히 무슨 생각으로 그 영화를 골랐는지는 기억나지 않지만, 어른이 되어도 내면의 열 살 아이는 그대로 남는다는 디즈니의 마케팅 전략은 적중한 듯하다.

영화는 버지니아 시골에 사는 초등학교 5학년생 제시와 이웃집에 새로 이사 온 레슬리의 우정을 그린다. 제시는 가난한 근본주의 기독교 집안에서 자란 수줍음 많고 자의식 강한 남자 아이이고, 레슬리는 그와 정반대로, 대단한 상상력을 가진 종교적으로 자유로운 영혼이자 인생이란 끝없는 모험의 연속이라고 생각하는 여자 아이이다. 둘은 친한 친구가 되지만 제시는 레슬리의 이단아 같은 생각을 어떻게 받아들여야 할지 가끔씩 혼란스럽다.

영화 중간에 제시와 레슬리가 픽업트럭 뒤에 타고 교회에서 돌아오는 장면이 나온다. 제시의 용감한 여동생 메이 벨도 함께 있다. 제시는 자신이 당연하게 여기는 세상과는 평생 단절된 채 살아온 레슬리를 교회에 초대했던 것이다.

레슬리에게는, 교회에 간 일이 미지의 세계를 탐구하는 또 다른 모험이다. 지옥불과 유황을 앞세운 설교에도 불구하고 레슬리는 교회가 좋았다며 이렇게 말한다. "그 예수님 이야기 말이야. 정말 재미있었어."

충격을 받은 메이 벨은 레슬리의 말을 바로잡아준다. "재미있다니. 무시무시한 거지. 언니 손에 못을 박는다고 생각해 봐. 우리 모두가 엄청난 죄인이라서 하나님이 예수님을 대신 죽게 하신 거라고."

레슬리는 메이 벨이 '황새가 아이를 배달해 준다고 믿어'라고 하기라도 한 듯, 황당하다는 표정으로 메이 벨을 바라본다. "그게 정말이라고 생각해?"

믿다마다! 제시는 레슬리에게 "성경에 그렇게 쓰여 있기" 때문에 **믿어야 한다**고 말하고, 메이 벨은 성경을 믿지 않으면 "죽어서 지옥에 간다"고 충실하게 덧붙인다.

레슬리는 제시 남매의 말을 들으려 하지 않는다. "나는 하나님이 사람들을 지옥에 가라고 저주하신다고는 생각하지 **않아**. 세상 돌보는 일만으로도 엄청 바쁘시다고." 레슬리는 머리 위 하늘과 나무들을 가리키며 말한다.

그 장면을 보면서 나는 살짝 믿음의 위기를 느꼈다. 솔직히 말해서, 받아들이기가 참으로 당황스러웠다.

부당했다. 난 준비되어 있지 않았다.

미키 마우스와 구피, 건망증 선생님을 선보인 기업에서 종교 토론에까지 도전할 줄 내가 어찌 알았겠는가? 중서부 9천 미터 상공에서 느긋하게 영화를 즐기던 나는 허를 찔렸다. 나로 말하자면, 프로 그리스도인이자 신학교 교수이다. 하나님에 대해 올바른 사고를 하고 그 내용을 다른 사람들에게 전함으로써 월급을 받는다. 지금은 장거리 여행 탓에 '정통'이라는 내 방패를 잠시 내려 둔 상태였다. 이렇게 비무장 상태인 내게 레슬리의 대사가 꽂힌 것이다. 순간 마음속으로 이런 생각이 떠올랐다. '**레슬리 말이 맞는 것 같아.**'

아름답고 경이롭고 신비로운 하늘과 땅의 창조주가, 동시에 성경을 주먹으로 내리치는 거구의 설교자—우리 생각이 제대로 박혀 있는지 지켜보고 그렇지 않으면 우리에게 영원한 지옥을 선언하는—이기도 하다는 개념은 **말이 되지 않았다.** 그것이 내가 기억하는 한 가장 오래된 나의 (검증되지 않은) 가정이긴 하지만 말이다.

영화(세상에나, 그것도 **디즈니 영화**라니. 정말 당황스럽다)에 나오는, 기독교 신앙에 문외한인 5학년 아이가 내뱉은 52초짜리 대사. 아이는 박사 학위도 없고 비행기를 타고 학회에 다니지도 않는다. 어느 순간, 하나님에 대한 내 관점은 기내 압력 감소로 인해 창밖으로 빨려 나가 버린 듯했다.

레슬리의 대사는 간단하지만 깊고 불편한 질문을 내 앞에 던져 놓았다. 잡음이 사라지고 마음에 평안이 찾아올 때 당신이 진심으로 믿는 하나님은 어떤 분인가? 그 이유는 무엇인가? 나는 이 질문에 대한 답이 다 해결된 줄로만 알았다. 그런데 수십 년간 교회와 기독교 대학, 신학교와 신학대학원을 거쳐 신학교 교수가 된 지금, 이 질문을 제대로 던져 본 적이 없다는 사실을 깨달았다. (이 사실이 얼마나 당혹스러웠는지 이미 말했던가?)

이제 나는 불편하리만치 정직한 질문에 의해 구석으로 몰렸고 위협을 느꼈다. 천진난만하고 순수한 마음과 상식 차원에서 자연스럽게 내뱉은 레슬리의 말이, '정당한 기독교적 사고'라는 두꺼운 벽 뒤에 오랜 세월 안전하게 숨겨 둔 생각을 밖으로 끌어낸 것이다. 그러고 보니, 나는 내가 하나님을 어떻게 생각하는지 단 한 번도 솔직하게 탐색해 본 적이 없었다. 질문이 많은 것은 그리스도인으로서 신중한 처사가 아니라고 배웠기 때문이다. 그런 행동은 내 안에 계신 하나님께 **크나큰** 실망과 분노를 안겨 드린다고 배웠다.

그리하여 위험한 생각은 내 의식에 들어오지 못한 채 잠자고 있었다. 내 신학 백신 프로그램은, 사고에 오류가 생기지 않도록 후방에서 자기 역할을 충실히 감당했다. 이 멍청한 디즈니 영화가 은근슬쩍 잠입하여 문제를 해결하라고 하기 전까지는 말이다.

제시의 하나님이 내가 믿는 기본적인 하나님이긴 하지만, 레슬리의 하나님이야말로 마음속 깊이 내가 믿고 싶어 하던 하나님이었다. 그러자 내 안의 메이 벨이 즉각 반발했다. 겁에 질린 거친 목소리가 나의 탈선을 나무랐다. 하지만 나는 믿음에 대한 지엽적 질문(예를 들면, 하나님은 사순절 기간에 내가 초콜릿이나 커피를 끊기 원하시는가)이 아니라 중심적인 질문을 제기하고 있었다. 어쩌면 '하나님은 어떤 분인가?'라는 질문이 **가장 중요한** 핵심 질문일 것이다.

일단 이 길로 들어선 이상, 도미노가 어디로 무너질지 알 도리가 없었다. 그러면 어떡하지? 나는 그 자리에 주저앉아 아무 생각도 하지 않으려 했다. 하지만 나를 태운 기차는 이미 역을 떠났고, 뛰어내리기에는 너무 늦었다.

나는 이 순간을 계획하지 않았으며, 그 사실을 깨닫기도 전에 하나님에 대한 내 관점은 '암요, 알다마다요'에서 '아, 이런!'으로 바뀌었다. 학자들이 으레 그렇듯, 고상한 책이나 강의가 발단이 된 것이 아니다. 영적으로 성숙한 사람들이 그렇듯, 금식이나 주말 피정에서 영감을 얻은 것도 아니다.

흔해 빠진 평범한 일상의 한 순간이, 내가 사는 안전하고 익숙하고 검증되지 않은 영적 동네에서 나를 낚아채서 상상해 보지도 않은 곳에 떨어뜨려 놓았다. 영적 강제 이주라고나 할까.

이 일을 비롯해 다른 비슷한 일화들은 수많은 영적 드잡이를 겪게 했고, 직장과 교회에서의 변화, 다른 그리스도인들과의 관계가 일부 단절되는 결과도 가져왔다. 나는 커다란 불안과 고통을 느꼈지만, 영혼은 깊어지고, 성숙하고, 성장했다. 그리하여 하나님과 더욱 친밀해졌다.

나는 '아, 이런!'을 외치고 싶은 당황스러운 순간들을 회피하기보다 받아들이게 되었다. 그런 순간들은 뜻밖에 찾아오고 통제 불능이며 마음을 어지럽히지만, 내게 꼭 필요한 교훈을 담고 있기 때문이다. 내가 안다고 생각하는 것들을 버리고 무조건 하나님을 신뢰해야 한다는 교훈 말이다. 나는 하나님이 이러한 순간들을 사용하신다고 신뢰하게 되었다.

제발, 단 1초만이라도 정직할 수는 없나요?

대부분의 그리스도인(머지않아 '**모든** 그리스도인'이 될 것이라고 단언한다)들이, 하나님에 대해 생각하고 믿어 온 익숙한 방식들이 위협받는 난감한 순간을 뜻밖에 경험한다. 닥칠 일을 준비하거나 몸 숨길 곳을 찾을 겨를도 없이, 초대하지도 않았는데 찾아오는 것이다.

   그냥 책을 읽거나, 팟캐스트를 듣거나, 텔레비전 프로그램을 보거나, 비행기에서 디즈니 영화를 한 편 보았을 뿐인데, 한때 굳건했던 믿음이 흔들리기 시작한다. 아니면 성경이나 하나님에 대한 우리 생각에 **전혀** 동조하지 않지만, 더없이 사람 좋고 옳은 말만 하는 새로운 친구를 만났을 뿐인데도 그럴 수 있다. 아니면 하나님과 세상, 우리의 의미에 대하여 우리가 믿는다고 생각해 온 모든 것에 의문을 품게 만드는 깊은 상실이나 이루 말할 수 없는 비극을 경험했을 때도.

   그런 당황스러운 순간들이 그 무엇보다도 우리의 주목을 끈다. 실상은, 이 순간들이 하나님이 일하시는 순간이다. 물론, 그 순간들이 어떻게 작용하는지 안다고 주장할 수 없고 또 내가 하나님을 대변할 수 없다는 것을 지난 시간들을 통해 어렵사리 깨달았다. 그럼에도 나는 당황스러운 순간들이 거룩한 목적을 수행한다고 믿는다. 적어도 내 경우에는 그랬다. 그 순간들은 우리가 스스로를 위해 만든 종교 체제를 무너뜨리는 데 일조한다. 이 종교 체제는 머지않아 우리의 질문과 의구심을 가로막고, 결국 **성장하지** 못하게 만든다.

많은 사람들이, 반석처럼 단단한 안전과 희망의 원천이 믿음이라고 여긴다. 믿음은 우리가 세상을 헤쳐 나가는 데 필요한 지도와 가치관을 제공한다. 하지만 인생길에는 믿음에 대한 우리 생각을 뒤엎는 온갖 종류의 일상적이고 평범한 일이 넘친다. 나는 그런 순간마다 하나님이 개입하셔서, 그분과 우리의 관계, 그분에 대한 우리의 이해를 더 깊어지고 성장하게 해주신다고 믿는다.

우리는 정신적 요새를 지어 스스로 안전한 종교적 공간에 있으려는 경향이 있기 때문에 이때가 중요한 성장의 순간이다. 우리가 가진 지도를 수정하고 안전한 닻이라 여겨 온 것을 변경하기는 쉽지 않다. 우리 뜻대로는 절대 그렇게 하지 않을 것이다. 우리는 그런 일이 벌어지는 것을 막기 위해 담장을 쌓고 우리를 안심시키는 것들 가운데 머문다. 그렇게 하고 있을 때는 우리에게 통제권이 있고, 우리 하나님이 완전히 이해된다.

확신이 불확신으로 빠져드는 것을 바라보노라면 등골이 오싹

해진다. 우리의 신념은 엉망진창인 우리 삶에 익숙한 체계를 제공한다. 존재에 대한 커다란 궁금증에 해답을 준다. 하나님은 존재하시는가? 올바른 종교라는 것이 있을까? 우리는 왜 여기에 있는가? 나는 고통과 비극을 어떻게 이겨 낼 수 있을까? 죽고 나면 우리에게 무슨 일이 벌어질까? 나는 세상에 왜 왔을까? 이런 질문들에 답하는 것은, 혼돈을 억제함으로써 인생에 의미와 일관성을 부여한다.

그런 질문들에 대한 익숙한 대답들이 마치 동네 축제에서 흩어지는 풍선들처럼 갑작스럽게 떠밀려 갈 때, 우리는 자연스레 그것들을 잡으려고 그 뒤를 쫓는다. 이미 해결된 문제들이 갑자기 다시 문제가 될 때 우리 삶의 이야기는 엉망이 되어 버리는데, 그걸 좋아하는 사람은 아무도 없다.

그 긴장을 성찰하고 다루는 것이 이 책의 내용이다.

이 책에서 볼 수 있는 또 다른 역학은, 친구와 가족, 교회 구성원들이 당신이 하는 생각을 알게 되었을 때 그들이 상황을 어떻게 다루느냐 하는 것이다. 잘 감춰진 자신의 비밀 안으로 사람들을 들이는 위험을 감수한 이들은, 종종 판단 받고 배척당하는 느낌을 받는다. 이것은 흔히 일어나는 일이다.

내가 믿음에 의구심을 갖는 것에 대해 너그러운 사람이라고 커밍아웃한 이후, 얼마나 많은 사람들이 개인적으로 찾아왔는지 모른다. 생면부지의 사람들이 자신의 비밀스런 질문과 생각을 이야기하는 경우도 많았다. 초췌하고, 근심스럽고, 심지어 겁에 질린 모습으로 오는 이들도 있었다.

이런 위험을 감수한다는 것은 평생 낙인이 찍힌다는 의미일 수도 있다. '그렇게 믿음 좋았던' 사람이 이제는 '자기가 뭘 믿는지 더 이상 모르는' 그저 그런 의심 가득한 사람이 된 것이다.

교회마저도 영적으로 정직하기에 위험한 장소일 때가 많다. 참으로 부끄러운 일이다. 그러니 목회자나 기독교 지도자들이 이런 문제를 겪는다고 하면, 나는 할 말이 끝도 없이 많다. 불쌍한 양반들…. 목회자들은 남모를 고통 속에서 문제를 헤쳐 나가면서도 겉으로는 아무렇지 않은 척해야 한다. 밥줄이 끊기는 것은 말할 것도 없고, 공개적 망신을 감수해야 하기 때문이다.

그래서 당신은 모든 것을 속에 담아 두고 어떻게든 인생을 버텨낸다. 모든 사연을 비밀에 부친 채, 당신이 애석해 하는 잃어버린 믿음에 대하여 생각하지 않으려 애쓰고, 아무도 이 이야기를 입에 올리지 않기를 바라면서 말이다. 어쩌면 그런 사연을 속에 담아 두려 애쓰다 압박감이 극에 다다라, 극단적 위기로 폭발할 수도 있다.

이 이야기를 좀 해야 할 것 같다.

우리는 모두 언젠가 '하나님을 어떻게 생각하는가?'라는 심각한 도전에 직면하게 된다. 결국 우리 모두는, 익숙한 신념이 제대로 작동하지 않고 스스로 뭘 믿는지 더 이상 알지 못하는 기로에 이르지 않는가? 한때 확신했던 것이 꿈처럼 사라져 버리는 어느 순간, 우리는 불신으로 가득 찬 끊임없는 잡음과 극심한 인지

부조화의 저류를 경험하지 않는가? 설령 단 한 번도 이런 경험을 남들에게는 물론 자신에게도 표현한 적이 없었더라도.

좋아요, 내가 먼저 하죠

내게도 분명 그런 순간이 몇 차례 있었다. 비행기에서만 그랬던 것이 아니다. 언제나 불편하고 혼란스럽기에 얼른 지나가기만을 바랄 뿐이다. 하지만 나는 믿게 되었다. 아니, 적어도 믿으려고 애쓴다. 하나님은 내가 이런 순간들에 저항하기를 바라지는 않으신다는 것을 말이다. 나는 하나님이 내가 그 순간들을 통과하도록 묵묵히 인도하신다고 믿는다.

내 믿음이 '강해졌다'고 말하지는 않겠다. 이 표현은, 당황스러운 순간을 해결하거나 극복했다는 것을 암시하는데, 이는 내가 하려는 이야기와는 정반대이기 때문이다. 말하자면 내 믿음은 더 현실적이고 더 도드라지는 삼차원 입체가 되었다. 내가 잘못을 저지르지는 않을까, 신학 객관식 시험을 잘 못 봐서 하나님이 내게 실망하시지는 않을까 하는 끊임없는 두려움이 머릿속에서 사라졌다는 뜻이다.

내가 겪은 당황스러운 순간들 중에는, 20년간 몸담은 신앙 공동체를 떠났을 때도 포함된다. 사임만으로도 충분히 힘들었는데, 정말로 힘든 순간은 그로부터 몇 달 후에 예고도 없이 조용히 나를 덮쳤다.

나는 이십 대 중반에 보수적이지만 온건한 작은 신학대학에서 공부했고, 박사 학위를 받은 뒤에는 모교로 돌아가 학생들을 가르쳤다. 거기서 삼십 대 초반부터 사십 대 중반까지 14년 동안 성경을 가르치는 교수로 재직했는데, 당시로 치면 내 인생의 절반쯤에 해당하는 기간이었다. 그 공동체는 성경과 하나님, 인생에 대한 내 사고에 철저하고도 강력한 영향을 미쳤다. 내 믿음은 그 학교에서 형성되었고, 내게는 어느 교회보다도 더 중요한 영적 고향이었다. 나는 다른 곳에서 여생을 보낸다는 것은 상상조차 할 수 없었다.

몇 년간은 좋은 추억을 만들면서 잘 지냈다. 하지만 그곳에서의 시간이 저물어 가면서, 일이 틀어지기 시작했다. 교수진, 사무국, 이사회가 자주 교체되었는데 그것은 사상의 변화로 이어지는 경우가 많았다. 학교 분위기가 지나치게 느슨해져서 이제는 학교의 보수적 정체성을 보호해야 할 정도가 되었다. 그와 함께, 동료애 넘치고 관대하던 분위기에 긴장감과 대립이 스며들었다. 교수들의 강의와 저술도 엄중하게 감시당했다. 사상 일탈이 조금이라도 감지되면 '학교의 미래'와 '전통 계승'을 논의하는 매우 심각한 회의를 소집하는 것 같았다.

그곳에서 나는 그런 일련의 경험들을 했다.

요점만 말하자면, 몇 년을 스트레스에 시달린 후에 사임했다.

이야기의 나머지 부분은 책의 말미에서 다시 다룰 예정인데, 그 부분이 이 모든 경험을 통해 내가 하나님을 달리 믿게 되었다는 더 큰 이야기의 일부이기 때문이다. 여기서는 내가 사임하기로 했다고만 말해 두겠다. 학교가 내게 영적으로 엄청난 의미가 있었음에도, 나는 학교를 떠나기로 했다. **기꺼이** 떠나기로. 그리고 그렇게 했다.

사임 후 첫 몇 달간은 달콤한 자유를 만끽했다. 근 10년 동안 그렇게 홀가분하고 유쾌한 기분을 느껴 본 적이 없었다. 상투적인 표현을 써 보자면, 나는 살아 있다고 느꼈고 다시 태어난 것 같았다. 마치 전쟁 포로수용소나 지하 감옥에서 풀려나 오랜만에 햇빛을 받으며 시원한 바람을 쐬는 듯했다. 나에게는 무한한 에너지가 있었다. 질책의 위협을 느끼지 않고 자유롭게 말할 수 있다는, 새롭고 흥미진진한 생각들로 가득 차 있었다. 그때부터 4년 동안 책을 일곱 권이나 출판했는데, 솔직히 말하자면 미친 짓이었지만 꽉꽉 들어찬 수많은 생각이 조금이라도 다리를 뻗어야 했던 것 같다. 태어나서 처음으로 밥 잘 먹기(과자 줄이기)와 운동도 시작했다. 나 자신을 정서적으로나 신체적으로 돌보기 시작한 것이다.

더할 나위 없이 좋은 인생이었다. 그러나 그로부터 6개월 뒤에 나는 깨달았다. 새로 찾은 이 자유와 기쁨에도 대가가 따른다는 것을.

퓨즈가 끊어지고 믿음이 멈추었다.

무슨 일이 일어난 것인가?

분명하게 정해진 경계선과 온갖 종류의 지적 접근 금지 구역이 있었던 이전 신앙 공동체는 숨이 막힐 지경이었지만, 한 가지만큼은 확실했다. 나를 위한 영적 영역이 분명하게 표시되어 있었던 것이다. 이전에 나는 내가 믿는 것이 무엇인지 '알았다.' 물론 이리저리 쏘다닐 자유는 어느 정도 있었지만, 간수들이 감시탑에 앉아 내가 전기 철조망에 지나치게 접근하지 못하게 막았다. 내 마음대로 판단할 필요가 없었고, 실제로 그렇게 하면 못마땅하다는 취급을 받았다. 힘든 일은 이미 다 되어 있었다. 난 그저 동의하고 빈 칸에 서명만 하면 되었는데(실제로 우리는 구체적인 신앙 진술서에 서명했다). 안전하고 예측 가능한 신앙생활을 위한 것이었다.

이 모델에서는 **참된 믿음**과 **올바른 생각**이 동전의 양면과 같았으며, 그러한 사고방식이 내 영적 정체성을 철저하게 형성했다. 그런 까닭에 학교를 떠난 지 몇 달 되지 않아 믿음이 멈추어 버렸던 것이다.

아무 경계선도, 서명할 것도, 내가 올바른 생각을 하고 있는지 어깨 너머로 감시하는 빅브라더도 없이, 나는 반평생 처음으로 홀로 비행하고 있었다. 영적 정체성을 만드는 것은 그 누구도 아닌 나 자신에게 달린 일이었다. 그 누구의 간섭도 없이 오로지 나와 하나님 사이의 일이었다.

하지만 나는 그럴 준비가 되어 있지 않았다.

마치 외부의 어떤 힘이 주입된 듯, 한 가지 의문이 머릿속에 똬리를 틀기 시작했다. '이봐, 피터, 네가 원하던 대로 됐잖아. 특정한 생각만 하라고 강요할 사람은 아무도 없어. 그래서 넌 **무슨** 생각을 하고 있니?'

이 질문을 대면하는 것은 무서운 일이었다. 영화 〈양들의 침묵〉이나 2016년 트럼프의 대권 도전처럼 무섭지는 않았지만, 당신이 방향감각을 잃었을 때나, 당신 삶의 이야기가 익히 알고 사랑해마지 않던 익숙한 이야기가 아니라 공책에 적힌 정신없고 무질서한 단어 뭉텅이로 보일 때처럼 무서웠다. 신앙 체계는 자아 정체성을 갖게 해 준다. 그러나 그것이 없는 지금, 나는 이 모든 것이 어디를 향해 가는지 전혀 알지 못한 채 완전히 혼자였다.

'피터, 아무도 너에게 무엇을 믿으라고 말해 주지 않을 때 너는 정말 무엇을 믿니? 하나님은 네게 어떤 존재지? 하나님이 있기는 한 거니? 눈앞에 있는 네 손바닥도 제대로 보지 못하는 이 새로운 여정의 도전을 위해 너는 얼마나 멀리까지 갈 셈이야? 어떤 익숙한 지도를 뒤에 남겨 둘 셈이지? 하나님은 더 이상 네가 아무 때나 들춰 볼 수 있는 친근한 이야기책의 뒷 페이지가 아닌데 이제 넌 어떻게 할 거니? 하나님은 아주 먼 곳에 계셔서 눈에 보이지도 않는데 이제 넌 무얼 할 거니? 이제는 상황이 결코 예전 같지 않을 것이라는 가능성에 어떻게 대비할 거니?'

이러한 질문들에 대한 해답을 구하는 것은, 불안정한 믿음의 도전을 받아들인다는 뜻이었다. 그러려면 용기가 필요한데, 지난 20년 세월 동안 내 영성 생활에서 쇠퇴한 부분이 바로 용기였다. 생각할 용기, 정직할 용기, 나로서 존재할 용기 말이다. 나는 하나님에 대한 생각이 잘 정립되어 있는지 확신하지 못한 채로 믿음을 '실천하는' 방법을 알지 못했기에, 그 생각들이 설득력을 잃어버리자마자 내 믿음은 가라앉아 버렸다.

1년 넘게 실직 상태로 집구석에 홀로 틀어박혀 있던 나는, 뭍이라고는 전혀 보이지 않는 바다에서 파도가 나를 어디로 데려가는지 알지도 못한 채―대개는 신경조차 쓰지 않고―선헤엄을 치며 표류하는 것 같았다.

내 믿음은 '내가 무엇을 믿는지 안다'에서 '아는 것 같다'로 탈바꿈했다. 그러고 나자 마치 브레이크 없는 자전거를 타고 가파른 언덕길을 내려가듯 다음 단계로 더욱 빠르게 옮겨갔다.

'내가 안다고 생각했던 것 같아.'

'더 이상은 확실하지 않아.'

'더 이상은 모르겠어.'

'솔직히 하나도 모르겠어.'

'날 좀 가만히 내버려 둬.'

마치 공장을 재정비하여 소프트웨어를 다시 실행하는 것 같았다. 그렇게 재실행을 하고 나면 이런 생각이 들곤 했다. '어쩌면… 중대한 사고 전환이 필요한 것 같아.'

'어쩌면 내가 배워서 알게 된 것들은 과대평가된 지식인지도 몰라.'

'그런 지식은 오래가지 못하지.'

'분명히 지식은 그 나름 중요한 위치를 차지하지만, 신앙의 중심은 아니야.'

그러고 나서 나 자신을 위해 이런 결론을 내렸다.

'나는 내가 느끼는 확신과는 무관하게 어린아이처럼 하나님을 신뢰하겠다고 결정할 수 있어.'

나는 이 과정을 신성하고 지속적인 것이라 생각하게 되었다. 게다가 용기도 내야 한다. 이전에 내가 이해할 수 있었던 것 이상의 용기와 하나님에 대한 신뢰가 필요하다.

확신이 뭐 그리 큰 죄가 되죠?

하나님에 대한 믿음—다시 말하면 하나님에 대한 **생각**—은 우리에게 매우 소중하다. 그 믿음이 혼란스러운 이 세상에서 우리에게 자아 정체성과 중요성을 부여하기 때문이다. 게다가 우리는 '우리'로서 존재할 수 있는 다른 방법들을 생각해 내지 못할 때가 많다. 그래서 우리 믿음이 위협을 받으면 본능적으로 그 믿음을 치열하게 수호하고, 가능한 그 어떤 움직임에도 저항하고 압박을 물리치며, 친숙한 영적 보금자리의 안락함에 머무르려 한다.

그러나 그렇게 저항하는 동안 우리는 신성한 여정으로의 초대를 놓치고 있는지도 모른다. 올바른 생각을 해야 한다는 필요를 내려놓고, 우리가 무엇을 알거나 모른다고 느끼는 것과는 무관하게 하나님을 신뢰할 수 있는 그런 여정 말이다.

이 심란한 불편함을 골치 아픈 숙제가 아닌 신성한 것으로 바라보기 위해서는, **하나님에 대한 생각**에서 **하나님에 대한 믿음**을 분리해야 한다. 그렇게 할 때 믿음은 올바른 생각에 의지하지 않게 된다.

"박사님, 지금 무슨 말씀을 하시는 거예요? 제 믿음은 제 생각에 기초하지 않습니다!"

정말 그런가?

우리 **모두**는 스스로 인지하지도 못하는 여러 방식으로, 자신의 모습에 따라 하나님을 창조한다. 선의에서 그럴 수도 있고, 하나님을 향한 헌신이 그 동기일 수도 있다. 하지만 하나님에 대한 이런 개념들이 우리에게 매우 유용한 것으로 입증되었다 하더라도, 시멘트가 마르고 난 후에는 우리 성장에 방해가 될 뿐이다.

"나는 아니에요. 내 모습대로 하나님을 만들어 내지 않는다고요. 그저 성경 말씀을 따를 뿐입니다."

성경 말씀을 그저 '따르는' 사람은 없다. 우리는 특정 전통의 맥락에서, 과거와 현재가 있는 사람으로서, 타인들과 함께하는 공동체 안에서 성경을 **해석하는데**, 그 어느 것도 절대적이지 않다. 우리가 성경을 '따르는' 방식에는 수많은 요인이 작용한다. 우리 중 아무도 인간 드라마의 자기 자리를 넘어서서, 완벽하게 하나님을 이해하지는 못한다. 누구나 다 자기 나름의 배경 지식이나 편견이 있기 마련이어서, 망가지고 한계가 있는 각자의 본모습을 하나님에 대한 지식에 투영한다.

다시 말해, 우리는 인간이다. 창조 세계가 시공간의 제약을 받는 것처럼 인간은 망가지고 제한적인 방식으로 하나님을 생각할 수밖에 없다.

그러나 그것이 문제는 아니다. 기독교 신앙은, 하나님이 나사렛 예수라는 인류의 한 사람으로서 인간 드라마에 자유롭고 자애롭게 들어오셨다고 분명히 말한다. 하나님은 우리의 인간성을 전혀 문제 삼지 않으신다.

여기서 유혹이 찾아온다. 우리는 우리가 인간임을 망각하고, 인간 드라마에서 보잘것없는 자신의 자리를 초월하여 하나님처럼 높은 곳에서 내려다볼 수 있다고 착각한다. 이것은 결코 우리에게 주어진 선택지가 아니다. **믿음의 길을 걷는다는 것은, 하나님을 신뢰하는 것이다. 우리가 어떻게 우리 생각대로 하나님을 만들어 냈는지 여러 난처한 순간들을 통해 드러나도록 허용하는 것이다.** 하지만 쉽지 않은 일이다. 우리는 하나님에 대한 자신의 생각을 좋아하고, 그것들이 **필요하기** 때문이다. 더 심각한 문제는 바로 여기에 있다.

자신의 생각에 사로잡혀 있을 때는, 잘 알지 못하고 불확실한 쪽으로 움직이는 것은 자동적으로 두려운 사태로 여겨진다. 우리는 특정한 '지식의 집합'을 유지하는 것, 그리고 타협 불가능한 신념들로 촘촘하게 짜인 관계망을 **굳게 붙잡는 것에 따라 참된 믿음이 좌우된다고** 생각한다. 그래서 이 두 요소를 조심스레 지키고, 그 과정이 아무리 고통스럽더라도 둘 모두 수면 위에 확실히 떠 있게 한다. 우리가 '아는' 것이 침몰하면 믿음도 그와 함께 침몰해 버리기 때문이다.

올바른 생각은 확실성을 느끼게 해 준다. 그것이 없이는, 우리는 믿음이 기껏해야 생명 유지 장치에 의존한 상태, 최악의 경우에는 죽어서 땅에 묻힌 것이 될까 두려워한다. 이미 죽었거나 죽어가는 믿음을 원하는 사람이 어디 있겠는가? 확실성을 잃는 것에 대한 이러한 두려움은 올바른 생각에 대한 **집착**으로 이어져, 무슨 수를 써서라도 익숙한 신념들을 기필코 옹호하고 지지하게 만든다.

우리는 얼마나 고집스럽게 구시대적 사고를 고집하는가? 교리를 정확히 이해하는 사람은 오늘날에도 여전히 드물다. 그런 교리들을 둘러싼 온갖 의견 충돌로 그리스도인들끼리 살인을 일삼았던 과거에 대해 역사 수업 시간에 배우지 않았던가. 아니면 설교나 주일학교 공부, 혹은 어떤 후보를 공직자로 뽑을까 의논하는 중에 일어났던 교회 안의 소소한 언쟁들을 생각해 보자.

올바른 생각에 대한 집착. 이것이 더 심각한 문제이다.

이런 집착은 신앙생활을 우리 자신과 다른 사람들을 살피는 보초 근무 정도로 축소해 버린다. 부당한 생각을 막기 위해 성벽을 서성이고 지평선을 살피는 24시간 연중무휴 보초 근무에 너무 집중한 나머지, 연회장에 들어와 만찬을 즐길 틈이 없다. 이런 믿음을 유지하려니 스트레스가 심하고 따분하다. 다른 방식으로 생각해 보려 하다가도, 그것이 적합한지 잠시 확인해 보는 것만으로도 믿음을 타협하거나 완전히 포기하는 것으로 여겨진다. 하지만 그것은 진실이 아니다.

하나님에 대한 믿음과 우리가 믿는 것에 대한 확신을 동일시하는 것, 건전한 믿음을 유지하기 위해서는 올바름이 필요하다는 당위, 이런 것들은 하나님에 대한 건전한 믿음에 도움이 되지 않는다. 간단히 말해서 그것이 바로 내가 '확신의 죄'라고 부르는 문제이다.

이런 사고방식은 창조주 하나님을 우리가 이해할 수 있는 대상으로 한정하여 그분을 과소평가하기 때문에 죄이다. 이것이 이스라엘 백성이 돌이나 쇠나 나무로 (우상이라고도 부르는) 하나님 형상을 만들려 했을 때 겪었던 바로 그 문제이다. 고대인들에게 형상이란 예배자들에게 신의 존재를 보여 주는 것, 그것을 바라봄으로써 이들이 신의 영역에 접촉할 수 있도록 해 주는 유형의 것이었다. 그러나 이스라엘의 하나님은 안 된다고 말씀하셨다. 인간의 손으로 만든 모든 형상은, 하나님을 고대의 신 개념에 억지로 끼워 맞추느라 그분을 한정한다.

우리는 손으로 하나님의 형상을 만들지는 않지만, 머릿속으로 그 형상을 만든다.

내 말은, 하나님에 대한 우리 생각이 나무나 돌로 만든 형상과 다를 바 없다는 뜻이 아니다. 성경에 나오는 형상들은 **언제나** 하나님을 한정하는데, 그것들은 창조주와 창조물을 혼동하게 만들기 때문이다. 반면에 하나님에 대한 생각은 때로 도움이 될 뿐만 아니라 전적으로 불가피하다. 그러나 우리가 하나님에 대한 생각과 하나님을 혼동하면, 그런 생각들은 신앙생활에 도움이 되기는커녕 방해물이 되며, 진짜 길을 가로막는 우상 같은 존재가 될 수도 있다.

우리가 죽기 살기로 '올바른' 생각을 붙들고 있을 때, 그것을 놓으면 **하나님**을 놓는 것이라 여기고 놓지 않으려 할 때, 손에 쥔 것을 놓고 앞으로 나가야 한다는 것을 알면서도 우리 입장을 고수하며 고집스럽게 자리를 지킬 때, **그런 순간에 우리는 하나님보다 자신의 생각을 신뢰하는 것이다.** 우상에 매달리느라 그분을 신뢰하라는 초대를 외면해 버린다.

확신에 목매는 것은 그것이 두려움에 근거하고 하나님을 우리 마음속 형상으로 한정시키기 때문에 죄이다. 하나님은 상자 안에 갇혀 있기를 원치 않으신다. 당연한 말이지만, 하나님은 그럴 분이 아니다. 그 사실을 우리는 너무 쉽게 잊는 것 같다. 우리가 기꺼이 귀를 기울이려 한다면, 하나님은 필요한 모든 방법을 동원하여 우리를 일깨워 주시는 좋은 분이다. 하나님은 인간의 곤경을 이해하시고 우리를 위하신다.

생각한다는 건 좋은 일입니다

시작부터 꼬이지 않게 한 가지만 분명하고 확실하게 짚고 넘어
가도록 하자. 하나님에 대하여 생각하는 것이나 하나님에 대하
여 '올바르게' 생각하고자 하는 것은 절대 아무 문제가 되지 않
는다.

　우리가 믿는 것에 대하여 생각하는 것, 우리가 믿는 것에 대하
여 더 배우는 것, 다른 사람들과 의견을 달리하고 함께 숙고하는
것은 신앙인들에게 당연한 일이다. 적어도 내 바람은 그렇다. 왜
냐하면 방금 내가 말한 것이 기독교와 유대교 전체 역사의 대부
분을 차지하기 때문이다. 기독교와 유대교 모두 하나님에 대한
생각과 의견 충돌의 수위가 넓고 깊다. 앞으로 살펴보겠지만, 하
나님에 대한 논쟁과 의견 충돌은 성경에도 등장하는데 이는 생
각이 중요하기 때문이다.

　인간은 믿을 수 없을 정도로 복잡한 정신적·신체적·영적 존재
이다. 우리는 잘 발달한 대뇌피질 덕분에 추상적 사고라든가 심
오한 인생의 신비나 궁극적 의미, 믿음에 대한 숙고와 같이 꽤 놀

라운 일들을 해낼 수 있다. 하나님과 이 세상에서 우리의 자리에 대해, 그리고 이 둘을 어떻게 하나로 합칠지 생각하는 능력은 괜찮은 것일 뿐만 아니라 인간에게만 주어진 필연적이고 신성한 일이자, 하나님의 선물이다. 나는 하나님이 우리가 이 선물을 활용하기를 적극 권하신다고 믿는다.

개인적으로는 인생의 큰 질문들과 특히 나 자신의 믿음에 대하여 생각해 보지 않을 수 없다. 나는 9년 동안 신학교를 다니고 성서학 박사 과정을 밟았다. 일반적인 직업을 피한 것이 아니라, 나는 태생적으로 내가 믿는 것과 그 이유를 생각하는 것에 마음이 끌린다. 또한 내 생각을 이야기하고 그런 생각들을 이리저리 던져 보기를 좋아하기 때문에, 강의를 하고 블로그를 운영하고 이런 책을 쓴다.

그래서 이 책을 읽는 모든 독자가 오해하지 않기 바란다. 나는 정신적 삶과, 하나님에 대한 심오한 사고를 형성하기 위한 노력이 터무니없는 소리라고 말하는 것이 아니다. 신앙생활과 생각하는 삶은 스펙트럼의 양극단이 아니다.

오히려 나는 신학생이나 여타 지식인들에만 국한하지 않고 평범한 일상을 사는 그리스도인들이 매일 경험하는, 깊고 미묘하며 잠재의식적인 문제에 대하여 이야기하려 한다.

여기서 말하는 더 깊은 문제란, 기쁨과 자유, 치유와 의미 있는 믿음을 갖기 **위해서는** 하나님에 대한 우리 생각을 올바르게 해야 한다는 **암묵적인 필요**이다.

이는 곧 하나님을 신뢰하기보다 우리 믿음을 신뢰하는 것이다.

주먹을 그러쥐고 올바른 생각을 고수하겠다고 집착하는 것은 강한 믿음의 증거가 아니다. 이것은 오히려 신앙생활을 방해하는데, 하나님에 대한 생각이 주는 익숙함과 예측 가능성을 잃어버릴까 걱정하는 모종의 인간적 두려움에 따른 행동이기 때문이다. 우리가 하나님을 제대로 안다고 믿는 것은 이 어지러운 세상에서 질서 감각을 갖는 데 도움이 된다. 그렇기에 우리가 잘못되었을 가능성과 마주했을 때, 그러한 '믿음'을 가진 우리는 옳다고 믿는 모든 것을 동원하여 견뎌낼 방법을 찾는 데 열중하게 된다.

그럴 때 우리는 실제로 하나님을 신뢰하지 않는 것이다. 자기 자신을 믿으면서 하나님을 믿는 것처럼 가장한다.

하지만, 마치 하나님께 제물을 바치듯이 빈손에 우리 생각을 올려 드리는 것은 비록 불완전하더라도 그분과 교제하는 한 가지 방법이다.

이 책은 믿음, 곧 우리가 믿는 **내용**보다 우리가 믿는 **대상**으로 정의되는 믿음에 대하여 달리 생각하는 방법을 이야기한다. 사실 이 책에서 나는 우리가 그동안 믿음을 **인칭 단어**who word가 아니라 **비인칭 단어**what word로 오해하고 있었다고 주장한다. 신앙이란 기본적으로 우리가 **신뢰하는 대상**이라기보다는 우리가 믿는 **신념의 내용**이라고 오해했던 것이다.

다시 한 번 말하지만, 믿음 그 자체는 문제가 되지 않는다. 우리가 믿는 것을 이해하는 일은 신앙생활에서 적지 않은 시간과 노력을 들일 만하다. 그러나 올바른 믿음을 소유하고 그 믿음을 금고에 넣어 두려 애쓰는 것은 믿음의 **핵심**이 아니다. 하나님을 신뢰하는 것이 핵심이다. 올바른 생각을 고수하는 것이 주가 되어 버리면, 믿음이 순조롭게 시작되기에 **앞서** 논쟁을 통해 의견차를 먼저 정리할 필요가 있는데도 그렇게 하지 않는다. 하나님에 대한 믿음을 지적 활동이나 인간의 기획쯤으로 축소해 버린다.

지식에 **기초한** 믿음—믿음을 가지려면 '당신이 믿는 바를 알아야' 한다—은 문제가 산 넘어 산인 형국이다. 그런 믿음은 우리의 지적 능력을 지나치게 높이 평가한다. 그런 믿음을 무너뜨리려면 좀 더 수준 높은 논쟁만 있으면 되는데, 더 나은 논쟁은 늘 존재하기 마련이다.

기독교 신앙은 추상적 힘이 아니라 인격적 존재이신 하나님을 신뢰하는 것이다. 우리가 종종 하나님에 대한 믿음을 그분과 '관계' 맺는 것에 비교하여 말하는 것도 그런 이유에서다. 흡사 페이스북 상태 업데이트처럼 생각되겠지만, 사실이 그렇다.

어떤 사람에 대해 믿음이나 생각을 갖는 것은 불가피한 일인데, 종종 그것은 관계를 돈독히 하는 데 도움이 된다. 그러나 그 생각과 믿음이 항상 옳지는 않기에 인간관계를 거기에만 의존해서는 안 된다. 어쨌거나(이것을 믿기 힘들 수 있다는 건 나도 잘 안다) 나도 때로는(이라고 쓰고 '자주'라고 읽는다) 아내에 대해, 이를테면 아내는 너무 좋은 사람이라 나에게 잔소리를 하지 않는다는 잘못된 믿음을 가질 때가 있다. 그러나 이런 왜곡된 지식이 우리의 결혼 생활을 무효화하지는 않는다.

결혼은, 배우자에 대해 강하게 확신하고 있는 각자의 정확한 지식에 근거하지 않는다. 우리의 결혼 서약은, 상대방을 올바르게 이해하든 말든, 두 사람의 관계가 순조롭게 흘러가든 말든 상관없이 서로 신뢰하고 따르기로 한 약속에 근거한다. 설령 우리가 서로 좋아하지 않거나 서로 바짝바짝 약을 올리거나 꼴도 보기 싫어하는 사이라 하더라도 신뢰의 약속은 매우 중요하다. 사실 신뢰는 인간다움의 필수 조건이다. 어린아이는 자의식이 생기는 즉시 별다른 생각 없이 자신의 부모를 무조건 신뢰한다. 우리가 성장해 가는 동안 신뢰는 모든 건전한 관계의 핵심이다. 하나님과 우리의 관계도 다르지 않다.

신뢰는 지금 이 순간 우리 생각이 어디에 있는지와 상관없이 효력을 발휘한다. 그러나 올바른 생각이 믿음의 중심이 되어 버리면, 우리는 마음속 응어리와 콤플렉스, 커다란 두려움과 함께 우리 멋대로 왜곡한 하나님의 형상을 하나님께 양도한다. 우리가 영민함과 오만함으로 포장한 이 부자연스러운 믿음은, 다른 생각을 가진 사람들을 향한 분노와 증오로 쉽게 변질된다.

하나님에 대한 신뢰가 중심이 되면, 심지어 썩 내키지는 않지만 그저 신뢰하는 척만 해도 우리는 거룩한 길을 걷게 된다. 올바른 생각을 해야 할 **필요성**을 놓아 버려도 괜찮다는 것을—하나님은 우리 뒤통수를 치지도, 채찍질을 하지도 않으시며 오히려 이 믿음의 발걸음을 환영하신다는 것을—알게 되면, 올바른 생각에 집착하는 데서 오는 극심한 스트레스가 비로소 사라지기 시작한다. 그러고 나면 우리는 하나님께 통제권을 넘기게 되는데, 변덕스러운 우리 생각보다는 그 편이 믿음을 내려놓기에 좀 더 안전한 장소일 것이다.

이제 초점은 우리에게서 우리가 신뢰하는 하나님께로 옮겨 가는데, 예수님은 이것을 우리 삶의 '죽음'과 '상실'이라고 말씀하신다.

나는 내려놓는 법을 배우는 이 여정, 곧 익숙한 것에서 익숙하지 않은 것으로 나아가면서 하나님을 신뢰하는 법을 진정으로 배우는 이 여정이야말로 큰 용기와 겸손의 여정이라고 믿는다. 하나님은 우리 모두가 각기 다른 방법으로, 다른 시간에, 다른 깊이와 다른 이유로 이 여정에 동참하기를 바라신다.

신성한 이 여정은 우리를 변화시킨다. 그러한 변화 없이는 구약과 신약*이 우리의 가장 큰 종교적 의무라 말하는 두 가지, 곧 하나님 사랑과 이웃 사랑을 실천할 수 없을 것이다. 신 6:5; 레 19:18; 눅 10:27

* 나는 기독교 성경의 두 부분을 지칭하여 보통 구약과 신약이라는 전통 명칭을 사용한다. 개인적으로는 로마 가톨릭이나 동방정교회 같은 다른 기독교 전통에서 (외경이나 제2경전이라고도 부르는) 그리스도 이전 몇 세기 동안 기록된 몇몇 다른 책들도 여기에 포함시킨다는 것을 인정하면서도, (온건한) 개신교인 입장에서 이 책을 쓴다. 아울러 고대 이스라엘의 기록을 히브리 성경이나 유대교 성경Tanach이 아닌 '구약'이라 부른다고 해서 그것이 '구식'이라는 의미는 아니다. 이 책이 반복해서 그 점을 보여 줄 것이다.

이것이 바로 이 책의 내용인데, 여기서는 앞으로 이 책이 지향하는 바를 좀 더 설명하려 한다.

우선 올바른 생각에 대한 집착이 현대 그리스도인들의 체험을 어떻게 지배하게 되었는지 살펴볼 것이다(2장). 우리는 어쩌다가 이렇게 엉망진창이 되었을까? 어디에서부터 잘못된 것일까? 그러고 나서 성경은 우리에게 어떤 종류의 믿음을 본보기로 제시하는지 알아볼 것이다. 바로 언제나 확신하지는 못할지라도 여전히 신뢰하는 믿음이다(3-5장).

성경 기자들이 믿음을 확신이 아닌 신뢰로 여긴 것을 살펴보면, 우리가 어쩔 수 없이 맞닥뜨리는 당혹스런 순간들을 다른 관점에서 해석하며 견뎌 내는 데 도움이 된다. 이런 순간들은, 믿음이 효과가 없다는 증거가 아니라 특정한 종류의 믿음 곧 올바른 생각이 있어야만 살아남는 믿음은 효과가 없다는 증거이다(6장).

그다음에는, 어떻게 해서 하나님의 부재가 그분이 확신의 죄를 다루시는 방법인지(7장), 생존을 위해 확신에 의존하지 않는 신뢰의 습관을 우리 안에 길러 주시는 방법인지(8-9장) 살펴보고 마무리하려 한다.

마지막으로 한 가지만 덧붙인다면, 나는 이 책이 단순히 '믿음의 문제'라든가 '의심의 위기'을 겪고 있는 사람들을 위한 책으로만 보이기를 원치 않는다(그런 사람들을 위한 책이긴 하지만). 더 큰 문제가 있다. '강한' 믿음을 단순히 불확실성이나 위기가 **없는** 상태로 생각한다면, 우리는 하나님이 어떤 분이시고 그리스도인이 어떻게 살아야 하느냐는 문제에서 중요한 부분을 잘못 이해한 것이다. 이 책은 그 문제를 어떻게 해결할 수 있을지 다룬다.

여호와를 의지하고
교만한 자와 거짓에 치우치는 자를 돌아보지 아니하는 자는 복이 있도다. 시편 40:4

2. 우리는 어쩌다 이런 혼란에 빠졌을까

당신이 무엇을 믿는지 알아야 해요

논쟁 끝에 우격다짐으로 하나님을 믿게 되는 경우는 극히 드물다. 우리는 전통적 의미에선 실상 '이유' 같지 않은 가지각색 이유로 믿음을 갖게 된다. 그런 '이유'는 이성적이기보다는 직관적이고, 논리적이기보다는 감정적이며, 납득할 수 있기보다는 불가사의하다. 믿음을 가지려면 하나님의 임재를 감지해야 한다는 것이 내 생각인데, 하나님의 임재는 그러한 만남을 이성적으로 처리하는 인간의 능력을 초월하거나 아예 무시하기도 한다.

그렇다고 해서 믿음에 현실성이나 안정성이 떨어지는 것은 아니다. 내 말은, 믿음이 우리의 인간성 전체에 관여하며, 절대 지적 과정으로만 축소되는 것이 아니라는 뜻이다.

우리는 우리 생각을 잘 정렬한 다음에 행동으로 옮겨서 믿게 되는 것이 아니다. 그렇다면 왜 올바른 생각에 대한 집착이 우리를 신앙에 묶어 둘 수 있다고―혹은 그럴 필요가 있다고―생각하는 것일까? 왜 누군가는 자신의 경험으로 인해 맨 처음 믿음을 가졌을 때와 생각을 달리하게 되었다는 이유로 신앙의 길을 버려야겠다고 생각하게 되는가—혹은 그러라는 말을 들어야 하는가?

여기서 장애물은 우리가 가진 현대 서구의 이성적 사고방식이다. 이것은 이성적 사고력, 즉 생각을 통해 현실을 이해하고 설명할 수 있는 능력을 인간에게 부여했다.

내 말을 오해하지 말기 바란다. 나는 하나님이 주신 이러한 능력과 재능을 귀히 여긴다. 인간은 그 무엇과도 비교할 수 없는, 생각하는 피조물이다. 첨단 기술 같은 것들 때문에 어쩌다 보니 나도 현대 사회가 좋다. 언제든 쓸 수 있는 물과 전기, 비행기 여행, 치과 진료, 예방 백신, 배터리로 작동하는 모든 것이 있으니까. 나는 현대 사회를 시답잖게 비난하거나 과거의 좋았던 시절로 돌아가야 한다고 주장하려는 게 아니다. 현재를 살아가는 우리 모습이 진짜 우리 모습이고, 거기에는 아무 문제가 없다.

그러나 우리는 머리에 지식만 가득 찬 사람들이 아니며, 진리는 우리 지성이 미치는 곳에만 한정되지 않는다는 사실을 명심해야 한다. 다른 사람들은 차치하고라도 그리스도인이라면 반드시 이 사실을 알아야 한다. 그런데 그들은 자신들이 깨닫거나 인정하기 원하는 것 이상으로 너무나 쉽게 근대 프로젝트를 믿어 버리는 것 같다.

나도 수많은 그리스도인들처럼, 어릴 때부터 신학교에 들어갈 때까지 내가 다닌 거의 모든 교회들과 내가 읽은 책들, 혹은 내가 들은 설교를 통해, 강한 믿음은 '자신이 무엇을 믿는지 아는 것'

에 달려 있다고 배웠다. 그래서 참된 믿음을 가진 사람들은 갈 길 잃고 눈먼 세상에 자신이 아는 것을 분명히 말해 줄 수 있지만, 세상은 그것을 이해하지 못한다는 것이다. 매우 논리적이고 이해하기 쉬운 내용이었다. 삶의 불가사의에 대하여 이처럼 확실한 지식을 갖는 것은 하나님과 소통할 수 있는 사람이 되는 중요한 특권으로 여겨진다.

이와 반대로 당신이 무엇을 믿는지 모른다면 분명 무언가가 잘못된 것이므로 빨리 이 문제를 해결해야 한다. 적어도 이것이 지난 세월 내가 들어 온 이야기인데, 당신에게 질문이 생기고 당신이 믿는 것을 확실히 알지 못하는 느낌이 든다면 정말 찜찜하게 들릴 것이다.

내 경험이 모든 기독교 교파를 대변하지는 않는다. 나는 개신교인이고, 광범위한 복음주의 영역에서 여러 종류의 개신교를 경험해 보았다. 개신교에서는 '당신이 무엇을 믿는지 아는 것'이 거의 보편적인 관심사요, 변증서나 웹사이트, 세미나와 집회의 주요 주제이다.

거의 평생 나는 교회에 다니는 것을 학교에 다니는 것처럼 자연스럽게 느꼈는데, 그 분위기는 의도적이었던 것 같다. 주일 아침을 제대로 시작하기 위해서는 각자 나이에 맞는 교회 학교에 한 시간 넘게 참석해야 했다. 또한 무엇을 믿어야 하고 믿지 말아야 하는지에 대하여 더 많이 배우기 위해 시간이 날 때마다 적당한 책들을 읽도록 권장 받았다.

설교는 본질적으로 정보 전달이 목적이고, 대개 가장 중요한 부분을 차지했다. 설교는 예배 시간의 절반 이상을 차지하는데 (45분을 넘길 때도 있다) '성경 강해'로 이루어진다. 성경 말씀 한 절 한 절이 무슨 뜻인지 설명함으로써 무엇이 옳고 무엇이 그른 믿음인지 알 수 있게 해 준다.

그 밖에도 결혼 생활이나 복음 전도, 십 대 자녀 양육법, 차기 선거, 슈퍼볼을 관람하는 그리스도인의 태도 같은 주제도 다루었는데 분위기는 별 차이 없었다. 설교란 본질적으로 성경(다시 말해 하나님)이 당면 문제에 대하여 '말씀하시는' 것을 설명해 주는 **교훈**이다. 그러므로 성경/하나님이 무슨 말씀을 하시는지 빨리 깨달을수록 당신은 자신의 믿음을 더욱 확신하게 된다.

그런 지식을 간직하도록 하기 위해 교회에서는 설교 말씀을 필기할 것을 장려하고, 심지어 요구하기까지 했다. 그런 목적으로 교회 주보에는 설교 요약과 빈칸이 있었다. 또 나중에 참고하거나 예배에 오지 못한 성도들이 들을 수 있도록 설교를 녹음하여 시청각 자료실에 보관했다.

찬양과 기도, 헌금, 성찬식(성만찬이나 성체라고도 부르는) 같은 예배의 다른 순서도 진지하게 진행되었지만, 주된 행위에 대한 방해물이나 부속물, 혹은 설교 쪽으로 우리를 밀어 올렸다가 예배를 마무리하는 반대편으로 내려 보내는 경사로처럼 느껴졌다. 정보 전달이 오전 예배의 중심이었다. 주일 혹은 수요 저녁 예배는 더 많은 대화와 가르침이 특징이었다. 선교 활동도 물론 지원을 받았지만, 거기에는 교회의 독특한 지식 집합이 충실하게 재연될 것이라는 기대가 있었다.

복음주의 그리스도인으로 살아오면서 내게 모범이 되어 준 믿음은, 당신이 무엇을 믿는지 알 수 있게 해 주고, 확고한 신념을 갖고 살게 해 주며, 당신의 믿음을 공격하는 무신론자 대학 교수들과 로마 가톨릭 교도들, CNN이나 오프라 윈프리의 공격을 견딜 수 있게 대비시켜 주는 지적 활동 곧 일련의 교육 시간, 각종 도표, 인쇄물, OHP와 같은 믿음이었다.

이런 믿음의 긍정적 측면이라면 개인 성경 읽기를 요구했다는 점이다. 이 역시 또 다른 족쇄가 될 수도 있었지만, 그 덕에 성경을 잘 알게 되었으므로 그 경험을 무척 고맙게 생각한다. 특별히 시험을 당할 때는 전에 읽고 들은 말씀들이 기억나면서 하나님과 내가 함께했던 과거를 떠올리도록 도움을 주었다. 그 과거는 현재에도 여전히 일어나고 있는 것이었다.

그러므로 내 말을, 성경에 흠집을 내거나 교회 또는 다른 곳에서 자신이 믿는 것에 대하여 배우는 일을 깎아내리려는 의도로 듣지 않기를 바란다. 절대로 그렇지 않다. 지금까지 말했듯이, 당신의 믿음에 대하여 깨닫고 배우는 것은 훌륭하고 신성한 일이다. 내가 한때 몸담았던 교회 전통을 폄하하려는 의도는 더군다나 아니다. 하나님은 그곳에도 계시고, 하나님의 백성은 온갖 교파 안에 있게 마련이다.

여기서 내가 말하려는 바는 특정한 믿음 곧 올바른 생각에 대한 집착이 어떻게 교육되고 모델이 되느냐 하는 것이다. 이러한 믿음은 **아는 것**(특별히 성경)이 믿음의 **중심**이라는 사고방식을 먹고 자란다. 메시지는 명백하다. 당신이 무엇을 믿는지 아는 것은 단단하고 흔들리지 않는 기반에 믿음을 놓는 일이다. 적어도 계획상으로는 그렇다.

그런데 그 생각은 내가 삼십 대, 특히 사십 대에 이르자 다소 빠르게 무너져 내리기 시작했다. 이 이야기는 앞 장에서 조금 했다. 내 인생이 꼬이기 시작한 것이다. 여기서 '인생'이란 아내와 세 자녀, 경력, 경제적 책임, 질병, 스트레스, 위기, 고통, 죽음을 뜻한다. 알다시피 인생이란 그런 게 아닌가. 맞닥뜨리는 경험들은, 하나님과 세상, 그리고 그 안에서 산다는 것이 의미하는 바에 대하여 내가 '알던 것들'과 계속 엇박자를 내고 있었다. 익숙하던 사고방식은 조금씩 확신을 잃어 갔다. 알고자 하는 욕구가 지배했던 영성 생활은 나를 곤란한 지경에 제대로 빠뜨렸다.

이것은 나만의 경우가 아닐 것이라 생각한다. 내 말에 전혀 공감하지 못하는 사람은 아직 젖먹이 아기이거나(그런 이라면 여기까지 읽은 것만으로도 커다란 존경을 보낸다) 아니면 최근 6시간 이내에 믿음의 여정을 시작했을 것이다.

인생이 꼬이고 복잡해지면서, 나는 여기저기에서, 때때로, 혹은 어쩌다 갑자기, 완전히 명료하게 깨닫게 되었다. 내 전 존재가 사실상 얼마나 통제 불능이었는지, 그리고 실은 늘 그랬다는 걸. 그동안 나는 문제를 더 깊이 파고들만큼 주의를 기울인 적이 없었다. 나는 언제나 너무 바빴고 그 일을 감당하기에는 내 머릿속 세상이 과부하 상태라고 상정했다. 하지만 언제나 그렇듯, 인생이 승리하고 그 결과로 우리 지식의 횃대는 흔들린다. 그럼에도 '내가 무엇을 믿는지 아는 것'은 내 영성훈련의 중심이었고 내 삶의 대부분에 버팀목이 되어 주었다. 내 믿음은 도움이 되지 않았다. 사실 그것이 문제의 일부였다.

되돌아보면, '당신이 무엇을 믿는지 안다'는 것이 머지않아 쓸모없어진다고 말해 줄 만큼 제대로 아는 사람이 없었다는 사실이 놀라울 뿐이다. 머지않아 그 탱크는 텅 빈다.

적어도 기분이 좀 괜찮을 때는, 꽤나 명백한 이 핵심을 좀 더 일찍 깨닫지 못했던 것에 대하여 스스로를 가혹하게 비난하지는 않는다. 나는 젊었고 거기에 사로잡혀 있었다. 그렇다면, 나이 들고 현명한 누군가는 이 모든 걸 알았어야 하지 않을까? 아마도 지식에 근거한 믿음 안에서는 누구라도 그 말을 꺼내는 게 위험하다고 느꼈던 것 같다. 마치 "여러분, 우리가 여기서 하는 일에서 중요한 것은 돈이 아닙니다"라고 말하는 회사 CEO처럼 말이다.

내가 겪은 일들에 대해 누군가에게 책임을 지우려는 의도도 아니다. 한 가지 분명한 것은, 하루를 마감할 때 우리는 자신이 한 모든 일에 책임이 있다. 그 누구도 나를 협박하거나 인질로 삼지 않았다. 실패의 책임을 남에게 전가하는 것은 우리로 하여금 자동차의 백미러만 바라보게 한다. 이는 확실한 불행의 씨앗이다.

하지만 내가 아무 교회도 비난하지 않는 또 다른 이유는, 보수적 서구 교회들은 대체로 뭔가 자기들보다 크고 오래된 것에 사로잡혀 있기 때문이다. 그러니까 올바른 생각에 집착하는 지식에 기초한 믿음은, 서구 기독교 문화 전반에 나타나는 깊고 체계적이고 의심의 여지 없는 조건이다. 마치 공사로 인한 우회나 공휴일, 무료 생일 쿠폰처럼. 이것이 엄연한 현실이다.

나는 수 세기에 걸쳐 신물 나게 계속된 갈등에 갇혀 버렸다.

우리 조상이 원숭이라니, 끝내주네요

당신이 어느 지역에 사느냐에 따라 다르겠지만, 대부분 크로스로드 성서교회, 메인 스트리트 성서교회, 성서 침례교회, 이런 이름들을 가진 수많은 교회들이 주변에 있을 것이다. 내가 사는 지역은 바이블 벨트Bible Belt라고는 할 수 없지만 오랜 기독교 유산이 남아 있어서, 구글로 검색해 보면 차로 30분 거리 내에 수십 개의 '성서' 교회가 있다.

성서 신학교나 성서 대학과 마찬가지로 이 교회들은 동시대의 보수적 미국 기독교계 전반에 그 흔적을 남긴, 그리 오래되지 않은 힘들었던 과거—19세기 말과 20세기 초에 있었던 소위 근본주의자와 근대주의자 간의 논란—의 기념비이다. 스코프스Scopes의 원숭이 재판(20세기 초 창조론자와 진화론자들 간의 역사상 가장 유명했던 대립—옮긴이)을 생각해 보라.

'이보세요!!! 일어나세요! 집중 좀 해보세요! 지루한 역사 수업이 아닙니다. 우리 기독교 교회가 왜 이렇게 하는지 그 이유를 말해 주는 겁니다.'

무슨 일이 있었는지 보자. 지적 관점에서 말하자면, 미국 내 개신교 신앙은 오랜 시간 꽤나 순탄하게 유지되었다. 기독교는 '합리적'이고 심지어 상식적인 것으로 여겨졌으며, 통상적으로 기독교 지도자들과 평신도들은 성경이 정확한 역사 및 과학 서적이기 때문에 성경을 옹호하는 것은 자신의 요점을 증명해 줄 성경 구절을 언급하는 것만큼 쉽다고 생각했다. 달리 생각해야 할 이유도 없었다. 19세기의 새로운 사상이 훼방을 놓기 전까지는 그랬다.

성경이 우리가 믿는 것에 대한 확실한 지적 기반을 제공한다는 개념은, 19세기가 채 30년도 지나지 않아 결정타 네 방을 맞고 나가떨어졌다. 그 첫 번째이자 가장 유명한 타격이 찰스 다윈 Charles Darwin 과 진화론이다.

사실 다윈은 진화론의 창시자는 아니었지만, 진화론의 전체 그림을 그리고 유명한 저서 《종의 기원 On the Origin of Species》을 통해 그것을 널리 퍼뜨린다.[1] 전해지는 이야기에 따르면, 다윈은 갈라파고스 군도에서 새의 생태를 관찰한 후 지구상의 모든 다양한 생물 종은 '공통 조상'을 통해 연결되고 '자연선택'이라는 과정을 통해 진화했다는 결론을 내렸다. 그러나 대부분의 사람들은 '우리 조상은 원숭이'라는 말만 들었다.

성경 중심의 그리스도인들에게는, 하나님이 '무엇 무엇이 있으라'는 말씀만으로 모든 생물 종을 창조하셨다고 성경에서 처음부터 분명히 말한다는 것이 문제가 된다. 공통 조상이나 자연

선택, 수십억 년의 시간은 필요 없다. 그러므로 만약 다윈이 옳다면 성경은 틀린 것이다. 그리고 과학 및 학계에서는 대부분 다윈이, 과학적으로 말해서, 그 기만을 들춰 냈다고 생각했다. 다윈의 이론은 반대에 부딪힐 수밖에 없었고, 1925년 스코프스 원숭이 재판은 근대주의(과학)와 근본주의(과학이 뭐라 떠들건 성경이 옳다는 입장)의 프로레슬링 경기나 다름없었다.

진화론을 둘러싼 논란은 끝나지 않았고 오히려 최근에 들어서는 부활하고 있다. 《만들어진 신 *The God Delusion*》(김영사)을 쓴 리처드 도킨스 같은 '신무신론자들'은 책과 텔레비전, 소셜 미디어 등을 통해 기독교 근본주의자들과 복음주의자들의 면전에 진화론을 들이대는 재미에 사실상 스스로 발이 걸려 넘어진다.

과학자들이 최근 인간 유전자 지도를 완성했다는 것도 도움이 되지 않는다. 내게 설명을 요구하지는 말아 달라. 다만 내가 지금껏 읽은 책들과 나눈 대화에 따르면 인간과 영장류의 유전자는 정말 놀라울 정도로 유사해서 서로 관련이 있을 수밖에 없다. 내 말은, 우리가 유전학적으로는 성경 말씀처럼 아담과 하와가 '최초의 부부'임을 증명할 수 없다. 유전학은 마치 수비를 뚫고 농구 골대 뒤판에 내리꽂는 강력한 덩크슛 같은, 진화론의 증거인 것 같다. 최초의 부부는 유전학적으로 불가능하다. 복음주의 그리스도인인 프랜시스 콜린스Francis Collins가 인간 유전자 지도를 만드는 국제 조직을 이끌었다는 사실은[2] 일부 사람들로 하여금 이 사실을 더 감내하기 어렵게 만들었다.

여기에 지질학자들이 화석 기록과 퇴적암을 통해 최소 18세기부터 알고 있던 사실들을 추가해 보자. 지구 역사는 성경 기자들이 짐작하는 것처럼 몇 천 년이 아니라 수십억 년, 정확히 말해서 45억 년은 될 것이다.[3]

우리는 이 모든 과학 지식을 우리의 시스템에서 습득하고 있다. 최근 천체물리학자들은 '알려진 우주'는 138억 년이 되었고[4] 한쪽 끝에서 반대쪽 끝까지 여행하려면 930억 광년이 걸릴 것이라고 굳이 말하는 대신, 우주는 두말할 것 없이 너무나 광활하고 오래되었다고 설명해 준다. 내가 공식적으로 말하자면, 우리는 이 사실을 이해할 수 없으며 그에 비하면 창세기는 아이들 동화 같은 수준이다.

과학 전반, 그중에서도 특히 진화론은 19세기의 지식 기반 그리스도인들을 만들어 냈다. 이들은 잔뜩 긴장한 채 정당한 이유로 성경을 손에 들고 있었다. 지금도 상황은 별로 나아지지 않았다.

정말로 이상한 아주 오래된 이야기

찰스 다윈이 자신의 연구 결과를 발표하던 즈음에 그리스도인들은 두 번째 일격을 당했다.

대부분의 기독교 역사에서, 고대 이스라엘과 그 주변국에 대해 우리가 아는 정보의 원천은 성경이 유일했다. 다른 고대 민족들은 독자적인 대변자가 없었다.

이런 상황은, 호기심 많은 고고학자들이 고대 역사를 알아내기 위해 중동 지역을 발굴하기 시작한 19세기 들어 변화하기 시작했다.[5] 이전까지의 발굴 작업은 고대 유물을 암시장에 내다 파는 비전문가들과 도굴꾼들 차지였다. 그런데 전문 고고학자들이 고대 세계에 경의를 표하기 시작했다. 그들은 조심스런 방법으로 땅을 파고, 뼈, 가옥, 사원, 무기, 기념물, 문자가 쓰인 석판 등의 출토품을 기록했다.

이런 노력 덕분에 우리는 이스라엘 민족의 성경 이야기를 좀 더 광범위한 맥락에서 볼 수 있게 되었다. 이제 우리는 다른 민족들이 스스로를 변호할 수 있도록 해주고, 그들이 생각한 것과 믿은 것들을 이해할 수 있는 기회를 얻었다. 고고학자들의 발견 중 일부는, 성경과 고대 이스라엘 민족을 바라보는 우리 관점에 중대한 변화를 일으켰다. 고고학 초창기, 피해자는 역시나 창세기였다.

다른 고대 국가들도 창조, 최초의 인류, 인류를 수장한 대홍수 등 창세기 이야기와 유사한 각각의 기원 설화를 가지고 있다. 이 모든 이야기는 우리가 성경에서 찾아볼 수 있는 내용과 **유사할** 뿐만 아니라 훨씬 더 **오래되었다**. 따라서 논리적으로 말해 이 이야기들의 성경 버전이 **유사하고 후대에** 쓰였다면, 성경 기자들이 맨바닥에서 그 이야기를 쓰지는 않았을 것이다. 그런 이야기를 쓰는 일정한 방식이 있었다고 봐야 한다.

창세기 이야기들이 더 오래된 설화들보다 나중에 나온 이야기라는 생각은 많은 그리스도인들을 불편하게 만들었다. 하나님이 고대 이스라엘 민족에게만 전해 주셨다는 기밀 정보를 담은 책 성경은 더 이상 독특해 보이지 않았다. 생명과 지식을 주는 '마법' 열매 나무 두 그루와 말하는 뱀이 등장하는 이야기는 3천 년 전쯤의 어느 종족 설화처럼 보였다. 이런 이야기들을 신화라고 하는데, 이는 고대인들이 쓴 심오한 종교적 가치를 담은 이야기로 오늘날의 우리에게 과학적 가치는커녕, 역사적 가치도 전혀 (혹은 거의) 없다.

그래서 이제 19세기 그리스도인들은 진화론과 고고학을 처리해야 했다. 많은 그리스도인들이 마치 아무 일도 없었던 듯 그냥 살아가기가 쉽지 않음을 깨달았다. 창세기가 과학과 역사에 대해서는 점점 더 틀린 것처럼 보였다.

이 모든 일들로 인해 등골이 오싹할 만큼 아주 심각한 시대가 열렸다. 성경은 과학적으로, 역사적으로 정확하다고—세부 사항이 그렇지 않다면 적어도 '기본적으로는' 정확하다고—옹호함으로써, 성경을 믿는 그리스도인들이 소위 '믿음의 수호'라는 올바른 생각에 집착하게 되는 지난한 과정의 발판이 만들어진 것이다. 성경은 분명 이웃 이교도들로부터 받아들인 신화가 아니었다. 결국 논리대로 하자면, 성경이 세상과 인류의 기원에 대한 확실성을 제공하지 못한다면 그 밖의 다른 내용에 대해서도 성경을 신뢰할 수 없게 된 것이다. 이렇게 해서 성경에 근거한 기독교 신앙의 생존력은 위기에 빠졌다.

여기서 끝이 아니다. (이 이야기가 재미있는가? 재미없다고? 19세기 그리스도인들도 마찬가지였다.)

독일인들이 온다

그리스도인들을 코너로 몰아간 두 차례 강타로는 부족하다는 듯, 독일에서 세 번째 주먹이 날아들었다. 구체적으로 말하자면, 이미 2백 년 넘게 성경을 연구해 온 독일 성경학자들이었다. 이 번에도 피해자는 이미 오래 두들겨 맞은 불쌍한 창세기였지만, 이제는 그 뒤에 나오는 네 책도 영향을 받았다. (성경의 첫 다섯 책인 창세기, 출애굽기, 레위기, 민수기, 신명기는 모세오경으로 묶이는데, '다섯 두루마리'나 모세 율법, 토라라고도 불린다.)

사건의 경위는 이렇다. 성경의 첫 다섯 책 전부 혹은 대부분은, 주전 15세기경 모세가 출애굽 이후 노년에 기록한 것으로 여겨져 왔다. 하지만 19세기 훨씬 전에 모세오경을 세심하게 읽은 사람들은 이 시나리오의 문제점을 발견했다. 모세오경에는 명백한 논리적 불일치와 모순, 다양한 관점의 서사가 있다. 또한 각기 다른 문체로 쓰였거나, 일부의 경우 훨씬 나중에 쓰인 흔적이 있다.[6]

성경학자들은 전반적으로 동일한 결론에 도달했다. 이들은 모세 이후 수백 년이 지난 시대에 살던 몇몇 사람들이 모세오경의 여러 부분을 썼고, 모세 시대로부터 천 년이 지난 후에 하나로 편집되었다고 생각했다. 이러한 모세오경의 '진화' 이론도, 다윈의 진화론처럼 거의 통상적으로 당시 학자들에게 설득력을 얻었는데, 그것이 위기를 불러왔다.

만약 하나님이 보내신 사자 모세가 모세오경을 기록했다면, 이 다섯 권 중 최소 네 권은 하나님이 보내신 목격자의 증언이라고 할 수 있다. 모세는 두 번째 책(출애굽기)에 등장하여 다섯 번째 책(신명기)에서 사망한다. 다섯 권 중 네 권에 모세가 함께하는 것은 그리 나쁘지 않다. 따라서 일반 논리에 따라, 모세오경의 대부분이 증인인 모세에 의해 기록되었다고 하면, 우리는 모세오경이 **역사적으로 정확하다**고 합리적으로 확신할 수 있다. 그러나 만약 성경학자들의 결론대로 모세오경의 저자가 여러 명이고 모세 시대로부터 천 년 뒤에 한 사람이 편집한 것이라면, 성경의 정확한 역사 서술은 큰 타격을 입게 된다. 이는 진화론과 고고학이 제기한 것과 같은 문제다.

지금까지 우리는 다윈과 고고학, 독일 성경학자들을 살펴보았다. 19세기 중 30년이라는 기간 동안 성경의 면전에 날아든 강편치 세 방에 성경은 녹다운되고 말았다. 모세오경은 우리에게 증인이 기록한 정확한 과학이나 역사를 말해 주지 않는다. 오히려 성경에 포함된 모세오경은, 오늘날 우리가 노르만족의 영국 정복(독자들을 대신해 내가 찾아보았다. 1066년의 일이라고 한다)과 크게 동떨어져 있는 것처럼 모세 시대와는 동떨어져 있다.

이 이론은 고립된 학문의 전당에 머무르지 않고 유럽과 미국 교회로 퍼져 나갔다. 보수주의자들은 이 이론 때문에 일반 신도들이 **믿음**을 잃게 될까 몹시 걱정했다(**공포에 빠졌다**는 표현이 적절하겠다). 그 이론이 성경에 대한 자신들의 **생각**에 도전했기 때문이다. 나는 이들의 고통에 공감한다. 그들이 느낀 공포는 정당했다. 그러나 그것은 단지 믿음과 올바른 생각이 동전의 양면처럼 보였기 때문에 느낀 것이었다.

보수 개신교회들은 그때의 충격에서 온전히 회복하지 못했다. 19세기에 시작된 '성경을 위한 싸움'은 오늘날 미국의 복음주의와 근본주의 기독교 대학과 신학교에서 계속되고 있다. 그들은 성경에 대한 상기의 세 가지 '공격'에 끊임없이 맹렬하게 반대하고 있다. 당연히 이 싸움은 계속되어야 한다. 기독교 신앙 자체의 성패가 달려 있는 것이기에.

그러나 어떤 면에서 보면, 이 세 가지보다 더 강력한 네 번째 타격은 아직 닥치지 않았다.

노예제도: 하나님은 누구 편이실까?

19세기 그리스도인들은 아프리카 흑인들을 납치해서 사고팔며 노예로 삼는 것이 하나님의 계획인지를 두고 논쟁을 벌였다. 찬반 양측 모두, 이 갈등을 해결할 수 있는 확실한 도덕적 기준은 성경이라고 생각했다. 양측은 각자가 원하는 것을 찾아냈는데 이는 그들이 편향적으로 성경을 읽었기 때문이 아니라(아니, 편향적이었던 것은 사실이지만), 성경 자체에 노예제도에 대해 모순되는 내용이 들어 있기 때문이었다.[7]

한편으로 성경에서 노예제도는 당연한 것이었으며 다른 고대 사회와 마찬가지로 노예는 주인의 소유물이었다. 심지어 성경에는 우리를 당황시키기에 충분한 노예 다루는 법도 등장한다.

사람이 매로 그 남종이나 여종을 쳐서 당장에 죽으면 반드시 형벌을 받으려니와 그가 하루나 이틀을 연명하면 형벌을 면하리니 그는 상전의 재산임이라. 출 21:20-21

나는 아프리카 노예들이 하나님이 자기 등에 번호를 매겨 놓았다고 생각해 본 적이 있었을지 궁금하다.

노예 주인들이 좋아하던 성경 구절은, 노아가 자기 손자 가나안에게 '종들의 종'이 되기를 원한다고 저주하는 홍수 이야기였다.창 9:25 홍수 이야기에 따르면, 우연히 아프리카 대륙으로 이주한 사람들 중에는 가나안의 후손도 있었다. 노예 소유주들은 자신의 노예들이 저주를 받은 첫 번째 노예 가나안의 후손이라는 사실을 성경에서 찾아내고는 무척 기뻐했을 것 같다. 이와 유사한 신약의 구절들도 분명 이들의 입장에 도움을 주었다.

> 종들아, 두려워하고 떨며 성실한 마음으로 육체의 상전에게 순종하기를 그리스도께 하듯 하라. 눈가림만 하여 사람을 기쁘게 하는 자처럼 하지 말고 그리스도의 종들처럼 마음으로 하나님의 뜻을 행하고.엡 6:5-6, 참고. 골 3:22; 딛 2:9

노예 소유주들은 예수님처럼 자신들의 소유물에게 순종을 요구하고 그것을 받아 마땅했다.

반대로 어떤 사람들은, 출애굽 이야기가 하나님이 노예 해방을 목적으로 삼으셨음을 증명해 준다고 생각한다. 또한 성경은, 6년이 지나면 노예를 풀어 주고 당신 집 문간으로 도망쳐 온 노예를 숨겨 주라는 훌륭한 법조항을 갖추고 있다.출 21:2; 신 23:15 우리는 노예 주인들이 노예를 '의와 공평'으로 대해야 한다는 말씀골

4:1; 엡 6:9도 알고 있는데, 이는 적어도 노예들을 인도적으로 대하는 방향으로 첫걸음을 내딛게 한다. 사도 바울은 직설적으로 이렇게 말한다.

너희는 유대인이나 헬라인이나 종이나 자유인이나 남자나 여자나 다 그리스도 예수 안에서 하나이니라. 갈 3:28

이런 예는 얼마든지 더 들 수 있지만, 중요한 것은 성경이 모순된 윤리 지침을 준다는 점이다. 이는 다윈과 고고학, 독일 성경학자들이 야기한 것과는 다른 종류의 믿음의 위기를 평범한 사람들에게 가져다주었다. 아주 오래전 과거 역사에 대해서 성경이 틀린 것도 문제이지만, 현대를 사는 우리에게 성경이 아무 쓸모가 없고 정말로 필요한 것을 말해 줄 수 없다면 그것은 훨씬 더 큰 문제이다.

오늘날의 긴급한 윤리 문제들에 대해 성경이 답을 갖고 있다고 확신하지 못한다면, 성경이 무슨 소용이겠는가? 우리 삶의 실제적이고 긴급한 골칫거리들을 헤쳐 나갈 때 성경이 안내자가 되어 주지 못한다면, 어떤 의미에서 성경을 하나님의 말씀이라 할 수 있겠는가? 성경은 과거에 관한 이야기로도, 현재의 길라잡이가 되어 주는 데도 모두 믿음직스럽지 않아 보였다.

이 모든 사태로 도미노 조각들이 미끄러운 경사면을 따라 힘없이 쓰러지고 있을 때, 그 모든 조각들을 붙잡을 유일한 방법,

'우리가 알고 있는 것'을 단단히 붙잡을 유일한 방법은, 소신을 굽히지 않고 성경을 옹호하는 것이었다. 성경이 건재하면, 기독교도 건재하다.

이것이 오늘날 미국 복음주의와 근본주의 교회가 지식 전달과 보존에 그토록 집착하는 모습을 보이는 까닭이며, 그들이 자기들 방식대로 '교회 생활을 하는' 이유이다. 이들은 성경이 제공해야 한다고 믿었던 지적 확신을 옹호하기 위해 오랜 세월 지적 반작용 모드로 살아왔다. 20세기에 들어서면서 '성서' 교회와 '성서' 대학이 우후죽순 생겨나기 시작해 지속적으로 성장하고 있는 것이 그런 이유에서이다. 주일학교, 장황한 강의 같은 설교, 올바른 책을 읽고 나쁜 책은 멀리하는 것 등을 특별히 가치 있다고 여기는 것이 그런 이유에서이다.

물론 현대의 모든 목회자와 지도자가 이런 역사를 알고 있지는 않다. 그러나 이는 이전 세대에서 다음 세대로 이어지며 여전히 그들의 핏속에 흐르고 있다. 경계를 순찰하는 것도 이들이 해야 할 일 중 하나이다. 신앙은 위기에 빠졌고 영적 싸움은 꽤 심각하다고 알려졌다. 신앙을 갖는다는 것이 확신에 매달린다는 뜻이라면, 그 확신이 '공격'을 당했을 때 훌륭한 그리스도인인 당신의 유일한 선택은 전쟁에 나가는 것뿐이다. 설령 전쟁에서 전사하는 한이 있더라도 말이다.

다시 등장한 독일인

아직도 지루한가? 그렇지 않기를 바란다. 어쨌든 내가 도와줄 수 있는 방법은 전혀 없는데다가, 앞으로 한두 페이지는 더 지루할 수밖에 없다. 어쩌다 우리가 이런 혼란에 빠졌는지에 대해 좀 더 큰 그림을 보기 위해, 마르틴 루터 이야기를 하려고 하기 때문이다.

마르틴 루터(1546년 사망)는 독일의 수도사였는데, 전해 오는 이야기에 따르면 맥주도 굉장히 많이 마셨다고 한다. 음주와의 연관성을 떠나서, 루터는 로마 가톨릭교회와 문제가 있었다. 간단히 말하자면, 교회는 루터가 생각하는 복음 곧 하나님이 전적으로 자유로운 자비와 사랑으로 우리 죄를 용서하신다는 것을 은폐하고 있었다. 루터는 인간이 자신의 노력으로 하나님의 용서를 얻을 수 없다고 생각했다.

교회가 면죄부 장사에 뛰어든 것이 루터를 자극했다. 이것이야말로 노력으로 용서를 얻을 수 있다는 말 아닌가. 조금 거칠게 표현하면, 교회 건축을 위해 헌금을 하면 그 대가로 자신은 물론 이미 죽어서 연옥에 있는 사람들의 죄까지 용서받을 수 있는 방법이 면죄부였다. 중세 가톨릭교회의 전성기는 아니었다.

면죄부에 대해 "이런… 미안하지만 이건 아닌데요"라고 말한 사람이 루터가 처음은 아니었다. 하지만 그는 자신의 저항을 확장하여 교회 **개혁**을 요구하는 데까지 나아갔고, 때문에 이를 종교개혁이라 부른다. 이것이 우리에게 중요한 까닭은 이렇다. 루터의 주장은 오직 성경만(라틴어로는 '솔라 스크립투라*sola scriptura*') 이러한 개혁의 기본이 되어야 한다는 것이었는데, 오류를 범할 수 있는 교회 지배층에서 이어져 내려온 법령이 아니라 오로지 성경에만 하나님의 권위가 각인되어 있기 때문이었다.

루터는 가톨릭교회를 개혁하는 데 실패하자 또 다른 교파를 시작했는데, 이는 나중에 루터파 교회라고 불리게 되었다. 루터파는 성경의 가르침을 좀 더 주의 깊게 따르라고 주장했다. 그 과정에서 한 가지 문제는 해결되었지만 다른 수많은 문제들이 생겨났다. 자, 이제 우리는 내가 말하고자 하는 바에 더 가까워졌다.

만약 하나님에 대한 올바른 생각과 한 사람의 믿음의 삶을 판단하는 최종 상고법원이 오직 성경이라고 여긴다면, 당신이 **성경을 올바로 이해하는 것**과 모든 사람이 '올바르다'라는 의미를 똑같이 이해하는 것은 대단히 중요한 사실이 된다. 루터는 이를 위해 모든 사람이 성경에 접근할 수 있도록 보장하려 했고, 히브리어(구약)와 그리스어(신약)로 된 성경 전체를 독일어로 번역하여 성경을 모든 필부필부의 손에 쥐어 주었다.

일단 사람들이 실제로 말하고 이해하는 언어로 성경을 번역해 놓으면 사람들은 반드시 성경이 '말씀하는' 내용에 의견이 생기게 된다.

교회 성경공부를 한 번이라도 해 보았거나 이끌어 본 적이 있는 사람이라면 그다음에 어떤 일이 벌어질지 잘 알 것이다. 사람들은 각자 성경을 읽을 때에는 성경이 뜻하는 바에 동의하지 않는 경우가 많다. 성경은 성경을 읽는 사람들 간의 의견 일치를 끌어내는 데 좋은 기록은 아니다. 교황이 통치하고, 다수를 위해 소수가 성경을 해석해 주던 속편한 시절로 되돌아가 보자. 그때는 최소한 어느 정도 질서는 있었다. 그런데 지금은 아수라장이 따로 없다.

시간이 지나면서 침례교, 재세례파(메노나이트), 칼뱅파, 감리교 등 개신교의 여러 종파가 우후죽순으로 생겨났다. 이들 모두는, 성경에 대한 올바른 이해가 바른 기독교 신앙의 열쇠이므로 성경을 올바로 이해하는 것이 최우선이라는 데 동의했다. 그러나 문제는 그들 각자가 그 열쇠를 자기들 주머니에 넣고 그저 안전하게 지켰다는 것이다. 이는 오늘날까지도 개신교의 소프트볼 경기가 종종 말싸움으로 끝맺는 이유이다(나도 실제로 그런 적이 한 번은 있다).

루터와 종교개혁에 관한 또 다른 사실이 있다. 루터가 살던 독일과 유럽의 다른 지역은 근대 성서학이 200년이라는 기간 내에

뿌리를 내린 곳이다.[8]

이 한 점에서 저쪽 다른 점으로 자유로이 줄을 그어 보자. 루터는 교회 전통에서 독립을 쟁취했기에 성경이 이끄는 대로 따를 수 있었다. 오래지 않아 다음과 같이 말하는 사람들이 생겨났다. 이들도 성경을 많이 읽고 생각했으며, 뿐만 아니라 전반적인 교회 문제에 질릴 대로 질린 사람들이었다. '**모든** 교회 전통으로부터 독립해서 그 **결과**가 어떻게 되는지 한번 지켜보면 어떨까?'

얼마 지나지 않아 대학 교수들은 **어떤** 교회의 교리에도 얽매일 필요 없이 성경을 읽게 되었다. 그들은 개신교의 '내게 이래라 저래라 하지 마시오' 정신을 한층 강화시켰다. 종교개혁자들에게 '오직 성경'이라는 말은 교회 전통을 무시하라는 의미가 결코 아니었다. 그러나 이제 '오직 성경'은 정도가 지나쳤다. 그 **어떤 교회의 외부 권위에도 의지하면 안 되고** 성경에서만 말씀을 들을 수 있다는 것이다. 유일한 권위가 있다면 '이성이라는 내면의 빛'이다.[9]

17세기 시작과 함께 독일에서 일어나 이내 유럽 나머지 지역으로 번진 이 모든 격변의 최종 결과는, 성경은 하나님이 주신 온전히 거룩한 책이 아니라 오래전 먼 곳에서 온 책이므로 여타 고대 문서와 마찬가지로 학자들이 연구해야 한다는 것이었다. 가톨릭이든 개신교든 간에 교회 전통을 떠나서, 심지어는 그 전통에 반하여 성경을 읽으라는 문이 활짝 열려버렸다.

그와 함께 성서학의 근대가 태동했는데, 우리가 이미 살펴보

앞듯이 성서학은 계속 성장하고 성숙하여 19세기에는 완숙한 성년기에 이르는 급성장을 이루었다.

'신앙의 수호자들'이 백기를 드는 이유

지금까지 잘 이해하고 따라왔다면 한숨 돌리자. 역사 수업은 이
제 끝이다. 오늘 당신은 최소한 무언가를 이루었다고 말할 수 있
을 것이다.

분명히 말하지만, 나는 성경 말씀을 붙들고 씨름하는 것이 잘
못된 행동이라고 생각하지는 않는다. 하지만 오늘날 많은 사람
이 경험하는 교회의 존재 방식을 한 걸음 물러서서 보면, 우리가
성경에 대한 '올바른' 이해를 중요시하는, 심지어 그것을 중심으
로 삼는 유산의 일부임을 알 수 있다. 그러므로 어떤 측면에서 우
리는 올바른 생각에 집착하는 것과 자신의 신념이 바위처럼 굳
건하고 확실함을 확인하려는 것에 대하여 특정 교회나 운동에
온전히 책임을 물을 수 없다. 대개 다 그래왔던 것이다.

그런데 이 장구한 역사가 근래 수십 년간 놀랍게 변하기 시작
했다. 그리고 그 변화는 내가 이 책을 쓰고자 한 이유를 우리에게
알려 준다. 다양한 집단들이 성경을 올바르게 이해하는지 엄격
하게 관리해야 한다고 주장한 지 수백 년이 흐른 지금, 임계점에

도달한 개신교인들은 확신에 대한 이런 추구가 힘이 다한 것은 아닌지 의문을 품기 시작했다.

만약 우리가 무엇을 믿는지 알고 그 내용을 확신해야 한다면, 그리고 그 지식이 성경에서 오는 것이라면, 제각기 성경적이라고 주장하는 개신교회들이 어떻게 수천 곳이나 있는 걸까? 이 그림에서 무엇이 잘못된 것일까? 그중 하나만 근본적으로 올바르고 나머지는 근본적으로 잘못되었다고 생각해야 하는가? 아니면, 어쩌면 이런 혼란은 우리가 지금껏 잘못된 길을 걸어왔을지도 모른다는 증거일까?

이것이 엄청난 모순이다. 성경을 올바르게 이해하려는 개신교의 오랜 추구는 성경이 뜻하는 바에 대한 더 큰 확신으로 이어지지 않았다. 오히려 정반대로, 성경의 상당 부분을 어떻게 이해해야 하는지를 두고 첨예하게 대립하는 수많은 교파와 하위 교단을 낳았다. 그러면, 성경이 하나님에 대한 확실한 지식의 원천이라면 우리는 이 모든 다양성을 어떻게 설명할 수 있겠는가? 성경은 우리를 분열이 아니라 **연합**으로 이끌어야 하지 않는가?

교회가 올바른 생각에 계속 집착하고 있다는 사실은, 어떤 면에서는 충분히 이해가 된다. 자신이 아는 바를 고수하는 것은 근본주의자와 근대주의자의 논쟁을 통해 현대 복음주의와 근본주의로 전해져 내려온 개신교 DNA의 일부이다. 하지만 그러한 집착은 합리화할 수 없는 것이기도 하다. '우리 동네 교회'로 검색만 해 봐도, 성경을 올바르게 이해하려는 이 길이 완전히 막다른 길은 아니지만 최소한 끝없이 계속 도는 회전 교차로로 이어진 다는 사실을 볼 수 있기 때문이다.

성경을 둘러싼 근본주의자와 근대주의자의 이런 논쟁은 표면 바로 아래 있던 기이한 사실도 드러냈다. 두 집단이 성경을 정반 대로 인식하지만 **출발점은 동일한데**, 그것은 하나님의 말씀이라 불릴 만한 책은 어떤 것이든 과거를 정확하게 기술해야 한다는 사실이다.[10] 창세기의 문제점 등에 관심 있는 근대주의자들은, 결 국 성경은 과거에 대하여 우리에게 믿을 만한 사실을 말해 주는 초자연적 책이 아니라고 결론 내렸다.

근본주의자들은 반박했다. 이들은, 성경이 정확한 역사 기록 을 제공한다는 것을 의심한 근대주의자들이 하나님에 대한 불신 을 드러냈다고 말했다. 성경은 하나님의 말씀이기 **때문에** 과거 를 올바르게 **기술해야 한다**. 그렇지 않으면 기독교 신앙 전체가 붕괴한다. 이런 태도가 근본주의자들의 성경 수호 운동이라는 장구한 역사를 만들어 냈다. 이들은 주류 학계가 무어라 말하든 성경을 역사 문서로 완전히 신뢰할 수 있는 이유에 관한 자신들 의 주장을 모아서 근대주의자들의 '공격'에 맞섰고 성경을 옹호 했다.

이런 운동은, 적어도 미국에서는 여전히 기독교 문화의 대부 분을 차지한다. 그러나 이 책을 쓰고 있는 나처럼 오늘날 많은 사 람이 궁금해 하는 것은, 이 두 집단이 모두 예상한 것처럼 애당 초 성경의 목적이 어떤 확신을 주기 위한 것이냐는 점이다. 성경의 역할이란 정말로 과거에 있었던 일들에 대해 확신을 주(고 잘했는지 못했는지를 평가 받)는 것일까? 끝없이 주고받는 이 논쟁은 어쩌면 잘못된 질문에 뿌리를 두었는지도 모른다.

성경이 그런 종류의 확신을 주지는 않는다는 매우 단순한 이유로, 나는 성경이 확신에 의존하는 믿음을 본보기로 삼는다고 생각하지 않는다. 오히려 이 모든 혼란스러운 다양성 가운데서 성경은 하나님에 대한 신뢰를 본보기로 보여 준다. 이런 신뢰는 우리가 믿는 내용에 대해 분명히 알아듣고 확신할 수 있는지 여부와는 상관이 없다.

사실 성경에 나오는 '신념belief'과 '믿음faith'이라는 단어는 '신뢰trust'라는 말을 다르게 표현한 것에 불과하다. 그리고 우리가 아는 바가 무엇이든지 간에, 신뢰는 역사한다.

나의 왕, 나의 하나님이여,
내가 부르짖는 소리를 들으소서. 내가 주께 기도하나이다. 시편 5:2

3.

"하나님, 당신은 약속을 어기고 나를 버렸습니다"

반드시 읽어야 하지만 교회에서 잘 읽지 않는 성경 말씀

이건 듣기 쉬운 이야기는 아니라서 어쩌면 당신은 자리에 앉고 싶을 수도 있다. 우리 아이들, 특히나 딸들은 십 대 사춘기에 접어들자 나를 존경하지 않았다. 오히려 아비인 내 흠집을 들춰냈다.

특히 힘들었던 언젠가는, 당시 열여섯 살쯤 된 막내딸 소피에게 왜 나를 피하는지, 왜 몇 주 동안이나 아는 척을 안 하는지, 왜 페이스북 친구 초청을 거절했는지(이게 말이나 되는가?) 물어보았다. 딸아이는 내 눈을 똑바로 바라보면서 사무적이고 논리적인 말투로 이렇게 말했다. "아빠가 싫어서요." 딸한테 이런 말을 듣다니, 나는 실패자다. 나는 딸을 향한 수동적 공격성을 띤 자기연민 모드에 빠졌다.

나는 우울한 심정으로 좀 더 경험 많은 어떤 아버지에게 이 이야기를 들려주었는데 그는 킬킬거리며 이렇게 말했다.

"잘됐네요!"

"뭐라고요?"

"소피가 소리를 지르지도 않고 억지 연기를 하지도 않고 그렇게 말한 건 아버지에게 솔직하게 이야기할 정도로 아버지를 신뢰한다는 뜻입니다. 그 정도면 건강한 관계예요. 신뢰란 강하고 의심의 여지가 없는 일종의 반사작용입니다. 부모 노릇 훌륭하게 하셨네요!"

실패자에서 올해의 아버지가 되다니. 나쁘지 않군.

이 일로 나는 구약의 시편을 떠올렸다. 고대 이스라엘 민족이 하나님을 예배하면서 노래하거나 읽었던 믿음의 시 150편.

서점의 성경책 판매대에 가면 일반적인 신구약 성경 옆에 시편과 신약만 따로 묶은 성경이 나란히 있는 것을 볼 수 있다. 그 이유를 추측하는 것은 어렵지 않다. "여호와는 나의 목자시니", "내가 사막의 음침한 골짜기로 다닐지라도." 이런 것들 말이다.

시편은 사기를 진작시키는 책으로 정평이 나 있는데, 구약성경 가운데서도 실용적인 이 책은 시간 여유가 많은 사람을 위한 족보나 율법, 끝도 없는 이스라엘 왕 이야기들과 달리 정말로 유용하다. 출판업자들은 그리스도인들이 말씀을 듣고자 한다는 걸 안다. 게다가 시편 말씀은 **훌륭하다**. 그리스도인들과 유대인들은 수 세기 동안 그 말씀에서 큰 위로와 격려를 얻었다.

하지만 모든 시편이 "여호와를 찬양하라"고 하지는 않는다. 어떤 시편들은 문제와 위험 앞에서 도움을 구하는, 정말로 진솔한 외침이다. 그런가 하면, 내가 이야기하려 하는 몇몇 시편은 하나님에 대해 이야기하는 방식이 깜짝 놀랄 만하고 심란하기까지 하다. 교회에서는 그런 부분을 읽을 생각이 전혀 없는 듯하지만,

그 말씀들은 신앙생활에 대해 그리고 올바른 생각에 집착하는 것이 신앙생활과 무관한 이유에 대해 **많은 것**을 말해 준다.

주일에 맞지 않는, 불안감을 조장하는 시편 말씀들은 하나님을 정확히 신뢰하는 것에 대하여 말해 주는 것이 많다. **왜냐하면** 이 시편들은 믿음의 어두운 구석을 탐색하기 때문이다. 이 시편들은 많이 읽힐 가치가 있다. 우리가 거기서 읽은 신앙 위기의 고통에서 우리를 보호하려고 이 말씀들을 무시하거나 거기에 무뎌져서는 안 된다.

실제로, 시간이 지나면서 이 말씀들은 편견 없이 우리의 하소연에 귀 기울여 주는 가까운 친구가 되기도 한다.

150편의 시편 말씀은 기본적으로 세 유형으로 나뉜다.[1]

- 다 괜찮다. 하나님은 좋으신 분이다. 끝까지 버텨라.
- 상황이 잘못되어 궁지에 몰렸지만, 나를 구원하러 오신 주님께 감사한다. (또 다른 결말로는 "곧/결국에 나를 구원하러 오실 것을 압니다.")
- 상황이 잘못되어 궁지에 몰렸는데, 설상가상으로 "오, 주님, 당신은 어디에도 계시지 않는군요."

세 번째 유형보다는 앞의 두 유형이 일반적이지만, 세 번째의 깊은 탄식도 여전히 성경에 포함되어 있다. 그런 시들은 우리를 노려보면서 한 자 한 자 읽어 보라고 대담하게 요청한다. 이 시편들은 움츠러드는 법이 없다.

이 시인들과 하나님 사이에 장애물이 생겼다. 이들은 하나님의 면전에서 바른 모습을 갖춘 후 하나님께 전적인 책임을 묻는다. 마치 방과 후 몇 시간이 지나도록 자신을 데리러 오지 않는 정신없이 바쁜 부모를 기다렸던 아이처럼 말이다. 이들은 조금도 주저하지 않고 하나님의 신뢰성을 의심한다. 그중에는 하나님께 자기 시간을 투자할 만큼의 가치가 있는지 의문을 품는 이들도 있다.

내가 좋아하는 노골적인 시편 중에 시편 88편이 있다. 요약을 하면 이렇다.

오 주여, 밤이면 밤마다 주님 앞에 무릎을 꿇었습니다. 저는 고민이 무척 많고 너무 큰 고통에 빠져 있어서 죽기 일보 직전입니다. 주님을 비롯하여 모든 희망을 잃어버렸습니다. 주님은 정말로 관심이 없으신 것 같습니다.

터놓고 말해 보겠습니다. 주님이 저를 버리셨기에 이 모든 것은 당신 탓입니다. 제가 이런 기분을 느끼도록 만든 것도 주님이시며, 제 친구들이 저를 괴물 보듯 대하게 된 것도 모두 주님이 책임지셔야 합니다.

그래도 저는 밤낮으로 무릎 꿇고 기도하며 여전히 주님께 위안을 구합니다. 저는 절실하니까요. 하지만 주님은 계속 숨기만 하십니다. 완전한 고통 가운데 있는 제 유일한 친구는 어둠뿐입니다. 퍽도 고맙습니다.

이러한 상황을 두고 믿음의 위기라고 불러도 좋다.

교회에서 이와 같이 말하는 것을 상상하기는 어렵다. 경계를 늦추고 이 정도로 노골적인 솔직함을 드러내는 것은 위험하다. 그랬다가는, 당신이 유명 무신론자의 이름을 입에 채 올리기도 전에 번개 같은 속도로 달려온 이들이 당신을 둘러싸고 무신론으로부터 보호해 달라는 중보기도를 할 것이다. 아니면 나약하거나 뜨뜻미지근한 그리스도인으로 낙인찍혀 따돌림을 당할지도 모른다.

이 시인에게 무슨 문제가 있는 것인가? 그는 자신이 바위처럼 굳건한 이스라엘 사람이요 다른 이들에게는 확신의 본보기인 특급 성인이 되어야 한다는 사실을 모르는가? 적어도 모든 사람이 볼 수 있는 글에 고민을 털어놓아서는 안 된다는 것을 모르는 걸까?

아마도 이 사람은 성경을 제대로 알지 못하는 것 같다. 성경 공부 모임에 참석하거나 설교 테이프를 들어서 이런 식으로 느끼면 안 된다는 사실을 배워야 할 것이다. 연약한 믿음 같으니… 이 사람을 우리 아이들에게서 멀리 떼어 놓자. 이 연약한 믿음의 시기가 지나갈 때까지 집밖으로 나오지 말라고 이 남자에게 부탁하자. 그의 부정적 태도가 믿음 좋고 행복한 우리에게 영향을 미치지 않도록 말이다.

으엑!

고대 이스라엘 민족이 이런 글을 기록했을 뿐만 아니라 **거룩한 책에**… **영원히**… **남긴** 이유를 궁금하게 여겨 본 적이 있는가?

이 글들은 우리가 생각하고 말하지 **않아야** 하는 내용에 대한 예시이거나, **잘못된** 느낌과 사고방식을 끊임없이 상기시켜 주는 요소인가? 그러니까, 매끄럽게 포장된 믿음의 고속도로에서 우리에게 '전방에 위험 있음'을 경고하는 신호로써 성경에 보존되고 있는 것인가?

아니올시다.

하나님이 당신에게 무관심하시거나 무감각하시거나 멀리 계신 것처럼 느끼는 감정은 성경에도 나오기 때문에 대수롭지 않게 여겨서는 안 된다. 하나님은 그런 느낌을—그것이 얼마나 강렬한지와 무관하게, 그리고 일견 불쾌하게 보일 수도 있지만—절대 판단하지도, 부끄러워하지도, 비난하지도 않으신다. 다른 신을 예배하거나 다른 사람들에게 부당한 행동을 하는 것은 세 문장이 멀다 하고 비난하시지만, 하나님께 버림받은 느낌을 솔직하게 고백한 이 글은 그렇지 않다.

잊지 말라. 복음서는 예수님도 십자가에서 하나님께 버림받았으며, 자신의 감정을 표현하기 위하여 기존 시편을 사용하셨다고 말한다. "내 하나님이여, 내 하나님이여, 어찌 나를 버리셨나

이까?"시 22:1; 마 27:46; 막 15:34 예수님도 그러셨으니 우리는 걱정할 필
요가 없다.

이런 표현들은, 신을 믿지 않는 순간이 아니라 무언가가 잘못
되어 고쳐야 한다는 증거이다. 이 표현들은 고대 **신앙**인들의 경
험을 전달하는데, 그런 경험이 흔했기 때문에 그대로 보존되었
다. **이스라엘 사람이라면 그런 경험을 하기 마련이고, 그러기에
존중 받았다.** 이 표현들은 신앙생활에서 발생할 **가능성**이 있는
일뿐 아니라 **정말로** 발생하는 일, 곧 우리가 마땅히 **예상해야** 하
는 일을 암시한다.

시편 88편이 기분 좋게 마무리되지 않는 것은 고마운 일이다.
마지막 절은 그냥 이렇다. "주는 내게서 사랑하는 자와 친구를 멀
리 떠나게 하시며 내가 아는 자를 흑암에 두셨나이다."18절* 우리
모두는 때때로 인생이 이런저런 깊은 구덩이—그곳에서는 철저
한 고독과 슬픔과 우울함만이 우리의 진정한 친구다—인 것처
럼, 그리고 그 원인이 하나님께 있는 것처럼 느끼지 않는가?

구약성서학자 월터 브루그만Walter Brueggemann은 이러한 시편들을
이스라엘의 '반대 증언countertestimony'이라고 부른다.[2] 이런 구절들은
정도의 차이는 있지만, 대체로 짜인 각본대로 가는 성경의 '주요
증언main testimony'에 도전한다. 이스라엘 민족이 그랬듯, 우리에게도

---

* NRSV는 "내 친구들은 흑암 가운데 있다my companions are in darkness"라고 번역하는데,
히브리어 성경에는 '가운데'라는 말이 없으며, 그 단어가 없으면 의미는 더 불안정하다.

이런 반대 증언이 필요하다. 계획대로 하나님이 나타나셔서 우리가 할 일들을 정확하게 말씀하시면 일이 해결되는, 즉 각본처럼 짜인 성경 속 장소에서 항상 살고 있는 사람은 없기 때문이다.

대부분의 사람은 대부분의 시간을 시편 88편처럼 살아간다. 우리의 영적 발판이 무너져서 하나님이나 다른 많은 것들을 더 이상 확신하지 못하는 상태로 말이다. 우리가 안다고 생각했던 것들, 우리가 확신하고 의지할 수 있다고 생각했던 것들이 하나도 확실하지 않다는 사실이 드러난다. 그러면 우리는 하나님께 주먹을 휘두를 뿐이다.

나는 내 영적 지도자들이 이런 감정으로부터 나를 보호하려고 했다고, 그런 느낌을 가진 나를 무시했다고 생각한다. 때로는 믿음이 이런 모습도 띠고 있다는 사실을 받아들이라는 말을 들어본 적은 없다. 정말 유감이다. 나와 같은 사람들(내 생각에는 우리 대부분)은 혼자가 아니라는 말을 들어야 한다. 그래서 나는 시편 88편을 좋아하고, 그 시가 성경에 있어서 기쁘다.

하나님은 거짓말쟁이

잠깐만, 내가 시편 88편을 가장 좋아한다고 했던가? 미안하다. 88편이 아니라 89편을 말한 거였다. 거기서 시편 기자는 하나님을 정말 근사한 분으로 묘사하고 나서 그분을 거짓말쟁이라고 부른다.

그 시편은 이렇게 시작한다.

> 내가 여호와의 **인자하심**을 **영원히** 노래하며
> 주의 **성실하심**을 내 입으로 대대에 알게 하리이다.
> 내가 말하기를 **인자하심**을 **영원히** 세우시며
> 주의 **성실하심**을 **하늘에서** **견고히** 하시리라 하였나이다.시 89:1-2, 저자
> 강조

하나님은 이스라엘에 대한 인자하심과 성실하심이 가득한 분이신데, 이는 단순히 그분의 **감정**을 서술한 것이 아니라 "하늘처럼 영원히"새번역* 변함없고 흔들림 없는 그분의 **행동**을 묘사한 것

이다. 이 시편 기자는 마치 천하를 얻은 듯하다. 하나님을 찬양하
느라 제정신이 아닌 듯 보인다.

시편 기자는 정확히 무엇을 그리 기뻐하는 것인가? 그는 이후
서른다섯 절에 걸쳐 그 이유를 제시하는데, 모두 수백 년 전에 하
나님이 이스라엘에게 하신 엄숙한 약속 곧 다윗 왕에게 주신 깨
뜨릴 수 없는 약속('언약')에 관한 것이다.삼하 7:1-17 다윗의 통치는
영광으로 가득하고, 하나님의 **인자하심**은 이후 다윗의 아들 솔
로몬부터 시작하여 그 자손과 '영원히'(구약성경에서 그 의미는 말
그대로 '끝이 없다'가 아니라 '당신이 전혀 걱정할 필요가 없을 만큼 앞
으로 오랫동안'이라는 뜻이다) 함께할 것이다.

더 나아가, 시편 기자는 이어서 이야기한다. 이 약속의 하나님
은 우주의 창조주이자 땅과 바다와 하늘의 통치자이시다. 다른
민족의 그 어떤 신과도 비교할 수 없다. 다윗 왕과 그 자손에게
엄숙하게 약속하신 전능하신 창조주가 이스라엘 편이시므로 그
들은 패배하지 않는다. 좋은 시절이다.

시편 기자는 계속해서 이렇게 창조주이신 하나님을 찬양하고,
우주의 창조주이자 통치자이신 이 하나님이 **인자하고 성실하신
분**임을 모든 이에게 상기시키며 이따금씩 주의를 환기한다. 하
나님은 **천국이 지속되는 한**—사실상 영원히—다윗과 그의 혈통

---

* 창세기 1:6-8을 보면 하나님은 지평선 이 끝에서 저 끝까지 머리 위로 펼쳐져 평평한
땅을 둘러싸는 단단한 반구를 만드셨다. 바닥이 평평한 스노우글로브를 상상해 보라.

이 지속되게 하실 것이다. 왕과 그 백성은 하나님의 보호 없이는 결코 적들을 무찌를 수 없을 것이다. 당신은 하나님께 의지할 수 있고, 이 하나님을 예배하는 모든 사람은 행복하고 안전하다.

사실 이 약속은 다윗의 후손 그 누구에게도 각자의 책무를 다하라는 의무를 부여하지 않는다. 누군가 하나님의 율법을 어기려 하여 하나님이 그들을 처벌하신다 해도, 이 약속은 굳게 지켜진다.

> 그러나 나의 **인자함**을 그에게서 다 거두지는 아니하며 나의 **성실함**도 폐하지 아니하며 내 언약을 깨뜨리지 아니하고 내 입술에서 낸 것은 변하지 아니하리로다. 시 89:33-34

여기서 내가 눈치 챘고 시편 기자가 우리가 눈치 채길 원하는 것은, 전능하신 창조주의 약속에는 유효 기간이 없다는 것이다. 이 하나님은 인자하시기 때문에 그 약속을 저버리실 수 **없으며**, 창조주이기 때문에 그 약속을 충실하게 **지키실 수 있다**. 이 하나님이 약속을 어기시려 한다면 약속을 깨뜨리고 거짓말쟁이가 되겠지만, 그것은 불가능하다. 당신이 하나님의 약속을 지키기 위해 의지할 수 있는 누군가가 있다면, 곧 인자하고 자애로우며 전능하신 하나님밖에 없기 때문이다.

당신이 시편 89편을 읽지 않았다면 말이다.

이게 문제다. 이 시편이 쓰일 당시에 이스라엘 수도였던 예루살렘은 강력한 바빌론에게 약탈당한 상태였다(주전 586년, 다윗 왕 사후 500년의 일이다). 바빌론은 성전을 파괴하고 예루살렘에 거주하는 많은 사람을 잡아다가 바빌론에 억류했다. 공격의 선봉대장인 바빌론 왕 느부갓네살은 남아 있는 다윗 왕의 후손인 시드기야의 아들들을 모두 처형하고, 다윗 가문이 아닌 꼭두각시 관리들로 그 자리를 메운 뒤 시드기야 왕의 두 눈을 뽑고 사슬로 묶어 바빌론으로 데려왔다.^{왕하 25장} 유대 민족이 다윗의 혈통을 회복하고 정당한 왕을 다시 세울 꿈을 꾸기까지는 수백 년이 걸릴 것이다.

이런 상황은, 인자하고 성실하며 전능하신 창조주 하나님이 다윗 집안을 영원히 보존하겠다는 약속을 깨뜨리신 것처럼 보인다. 하나님은 그렇게 하시지 않겠다는 약속에도 불구하고, 바빌론이 예루살렘을 점령하게 내버려 두심으로써 다윗과 그의 혈통을 '물리치셔서 버리셨다.'^{시 89:38} 약속을 지키시고 전능하시며 우주를 창조하신 분의 인자하심은 도대체 어떻게 된 것인가?

이제 우리는 이 시편 기자가 찬사를 아끼지 않은 이유를 알게 된다. 그는 하나님을 궁지에 몰아넣고 있다. 하나님이 직접 하신 말씀으로 그분을 고발하고, 어느 곳에서든 신속히 방어해 주신다는 그분의 명예심을 이용하고 있는 것이다. 이 시편 기자는 한껏 빈정대는 말투로 하나님께 묻는다. "여호와여 언제까지이니까? 스스로 **영원히** 숨기시리이까?"^{시 89:46, 저자 강조} 하나님의 약속은 분명 영원히 지속되지 않으므로, 어쩌면 그분은 영원히 숨으실

지도 모르겠다!

상황은 예상대로 흘러가지 않고, 그 책임은 하나님께 있다. 하나님은 약속을 어기시는 분이므로 의지할 만한 분이 아니다. 그렇다고 성경에 쓰여 있다. 어떻게 그런 말이 영적 지침이 될 수 있단 말인가?

그런데, 솔직히 나는 이것이야말로 **위대한** 영적 지침이라고 생각한다. 나는 불편하리만치 현실적인 이 시편이 마음에 든다. 믿음의 사람들은 친구들과 목회자들 앞에서 인정할 수 있는 것보다 훨씬 더 많은 경우에 하나님에 대하여 이렇게 느낀다. 아마 오늘날 일부 하나님의 사람들도 하나님에 대하여 2,500년 전에 기록된 이런 글들에 공감하는 것 같다.

하나님이 다음에 어떤 행동을 하실지 우리가 아무리 잘 안다고 생각해도, 상황이 그런 식으로 돌아가지 않을 수 있다. 시편 89편 기자에게는 하나님의 계획이 무엇인지 **확신할** 만한 충분한 이유가 있었음을 기억하자. 성경은 그에게 (사무엘하 7장에서) 말씀하셨다. 그럼에도 결과는 달리 나타났다. 우리는, 우리의 생각에 의지하지 않으시는 하나님, 우리 확신에 따라 움직이지 않으시는 하나님을 경험하는 상황에 처했을 때에도 놀라지 않아야 한다. 이 사실을 뒷받침하는 성경 구절을 한두 개 찾아낼 수 있더라도 말이다.

하나님은 증거 본문이 되실 수 없다. 하나님은 궁지에 몰리지도 않으실 것이다.

하지만 시편 89편은 (놀랍게도) 이렇게 끝난다. "여호와를 영원히 찬송할지어다. 아멘, 아멘."시 89:52 이 구절은 시편 전체를 구성하는 5부 중 3부에 해당하는 시편 73편부터 89편까지를 사실상 마무리하는 말이다. 아마도 시편 기자는, 하나님 앞에서 그분을 거짓말쟁이라 부를 만큼 마음속 깊은 곳에서는 **여전히 하나님을 신뢰하고** 있는 것이다.

교회에서는 이런 이야기를 하지 않아도 성경은 한다는 것이 나는 기쁘다. 우리는 이 말에 귀를 기울여야 한다. 적어도 나는 그렇게 하고 있다.

하나님 없이도 잘 돌아가는 세상

약속을 지키시지 않는 하나님에 대한 시편들 중에 내가 좋아하는 또 다른 시편은 73편이다. 도대체 하나님을 믿는다는 게 뭔지 이해할 수 없다고 느낀 적이 있다면 이 시편은 바로 당신을 위한 것이다.

이 시편은 이렇게 시작한다.

하나님이 참으로 이스라엘 중
마음이 정결한 자에게 선을 행하시나
나는 거의 넘어질 뻔하였고
나의 걸음이 미끄러질 뻔하였으니. 시 73:1-2

이 시편 기자는 상황이 어떻게 돌아가야 하는지 **안다**. 그는 '참으로'라고 말하는데 이 말은 '틀림없이'라고 번역할 수도 있다. 그는 하나님이 의인들은 복 주시고 악인들은 벌하신다는 것을 알고 있다. 따라서 당신이 의롭다면 반드시 하나님의 복을 받을 것이다.

그렇다면 이 사람의 문제는 무엇인가? 왜 그는 거의 넘어질 뻔하고 미끄러질 뻔했는가? 그럴싸하게 들리는 이론은 소용이 없다. (이번에도) 하나님은 그 이론을 따르시지 않기 때문이다. 오히려 그 반대이다. 의인들이 고통당할 때 악인들은 형통한다.

> 이는 내가 악인의 형통함을 보고
> 오만한 자를 질투하였음이로다.
> 그들은 죽을 때에도 고통이 없고
> 그 힘이 강건하며
> 사람들이 당하는 고난이 그들에게는 없고
> 사람들이 당하는 재앙도 그들에게는 없나니. 시 73:3-5

시편 기자는 파죽지세로, 계속해서 다음 몇 구절에 걸쳐 악인들은 형통할 뿐 아니라 가난한 자들을 억압한다고 이야기한다. 이스라엘의 하나님은 궁핍한 자들을 보호하시는 분으로 알려져야 하는데 말이다. 악인들은 "그들의 입은 하늘에 둘" 시 73:9 만큼 오만하기까지 하다. 그런데도 하나님은 아무 조치를 취하지 않으신다. 그러는 사이, 이 시편 기자처럼 의로운 자들은 어떻게든 하루를 버텨 보려는 노력도 수포로 돌아가고 되는 일이 하나 없다. 그는 "종일 재난을 당하며 아침마다 징벌을 받았다." 시 73:14

이 시편 기자에게는 악인의 형통 같은 단순한 현상이 문제가 아니다. 그를 위기에 처하게 만든 것은, 의인들은 형통하고 악인들은 징벌을 받으리라는 율법을 분명히 정하신 하나님이 **악인들의 형통을 내버려 두신다**는 사실이었다.

시편 기자가 뜬금없이 이런 생각을 떠올린 것은 아니다. 시편 전체를 여는 시편 1편은 순조로운 시작을 권유하는 짧지만 훌륭한 시이다. 거기에서는 (모세의 율법을 묵상하고 하나님의 길을 따르는) '의인들'은 절대로 시들지 않는 '시냇가에 심은 나무' 같으며 '악인들'은 '바람에 나는 겨'시 1:3-4와 같다고 말한다. 확실히 그렇게 쓰여 있다.

이 시편 기자는 시편 89편에서처럼 하나님을 거짓말쟁이라고 부르지는 않지만, 하나님이 직접 하신 말씀을 그분께 상기시킨다. "우리가 당신 말씀에 순종해야 한다면, 하나님은 왜 그렇게 하지 않으십니까?"

'그러니 왜 당신께 신경을 쓰겠어요, 하나님? 당신 없이도 세상은 그럭저럭 잘 돌아갑니다. 어쩌면 더 잘 돌아갈 수도 있죠. 내 머릿속을 맴도는 하나님만 없다면, 나는 하나님 스스로 계획을 이행하지 않는 부당함을 다룰 필요가 없을 테니까 말이에요.'

약속을 지키시지 않는 하나님, 우리의 신뢰를 받을 만한 가치가 없는 하나님을 생각하는 것이 너무나 고통스러워 그는 폭발 직전이다.

내가 만일 스스로 이르기를 내가 그들처럼 말하리라 하였더라면 나는 주의 아들들의 세대에 대하여 악행을 행하였으리이다.

내가 어쩌면 이를 알까 하여 생각한즉

그것이 내게 심한 고통이 되었더니. 시 73:15-16

시편 기자는 자신이 본 것을 입 밖에 내지 못한다. 그렇게 했다가는, 마치 믿음의 위기를 겪고 있지만 누구에게도 속내를 털어놓을 수 없는 목회자처럼, 다른 사람들의 믿음을 무너뜨릴 것이다. 그래서 그 생각을 마음속에 묻어 두지만 그것은 '심한 고통'이 되고 만다. 뱃속에 무거운 짐을 담고 돌아다니는 것처럼 말이다.

이 세상은 하나님이 말씀하신 대로 돌아가지 않는다. '착한 사람들에게 좋은 일이 생긴다'는 생각은 성경에 나올 법한 근사한 말이지만, 현실은 하나님이 반드시 그렇게 하시리라고 확신하는 우리 생각을 방해하곤 한다.

부모들은 자녀가 세 살쯤 되면 이 사실을 터득한다. 부모들은 좋은 책을 읽고 자녀를 '바르게' 키우기 위한 훌륭한 전략을 세울 수도 있다. 하지만 인생이 어디 자기 마음대로 되는가. 아이들은 각자의 DNA가 표면으로 드러나면서 주변 환경과 교감하고, 친구를 사귀고, 유치원을 거쳐 학교에 간다. 아이들은 이내 스스로 생각하고 행동하기 시작하는데, 당신이 꿈꿨던 아이들 모습과 눈앞에 있는 실제 모습을 비교하면 충격을 받을 수도 있다.

자녀 양육과 마찬가지로 하나님에 대한 믿음은 각본대로 되지 않는다. 시편 73편에서 보듯, 그 각본이 성경이라 하더라도 말이다. 시편 기자가 생각하는 사태 추이의 바람직한 방향과 실제로 삶에서 벌어지는 일들 간의 괴리는 신앙의 위기를 가져온다. 자신이 안다고 생각한 것, 확신한 것들이 아무 소용없는 것으로 드러났다.

마지막에 이 시편 기자의 위기는 어떻게 마무리되는가? 그는 위기를 곱씹는 것이 자신에게 아무 도움도 되지 않음을 깨닫고 '하나님의 성소'에 들어간다(예배를 드리기 위해, 아마도 제물을 바치기 위해).시 73:17 거기서 그는 하나님이 언젠가는 **결국** 약속을 지키시고 악인들을 징벌하실 것이므로 그분은 여전히 신뢰할 만한 분이라고 깨닫는다. 하나님은 악인들이 벌을 받게 되리라고 말씀하셨을 뿐, 그때가 언제인지는 말씀하지 않으셨다. 하나님을 신뢰하려면 인내가 필요하다. 그러는 동안, 시편 기자는 자기 일정을 정리하고 정기적으로 성전을 방문하여, 얼마나 더 시간이 걸릴지 하나님께 여쭈어 보았을 것이다.

여기서 시편 기자를 견디게 만든 것은 언젠가는 악인들이 응분의 대가를 받게 되리라는 깨달음이다. 시편 기자는, 하나님을 나쁜 놈들(이스라엘 동족일 수도 있다!)에게 (내세가 아닌) 현세에서, (죽음, 질병, 전쟁, 굶주림, 추방 같은) 물리적인 처벌로 공정하고 신속하게 앙갚음하시는 보복의 하나님으로 여긴다.

이처럼 신의 보복을 기다리고 바라는 모습은 시편을 비롯한 성경 여러 곳에서 흔히 볼 수 있다. 그러나 오늘날 이 말씀을 읽으며 하나님께 이렇게 기도해야겠다고 생각하는 사람은 없다.

이런 신의 보복을 바라는 기도는 그리스도인들에게 일고의 가치도 없는 것이다. 예수님은 우리에게 우리를 박해하는 자들을 위해 기도하라고 말씀하셨다.마5:43-48

그러므로 여기서는, 시편 기자가 나쁜 놈들에게 벌어지기 바라는 일보다 그가 하는 **행동**에 더 집중해야 한다.

하나님이 규칙을 어기셨다고 모든 증거들이 말하고 있음에도 시편 기자는 **성소에 들어간다**. 하나님에게서 달아나지 않고 그분을 **향해** 움직인다. **모든 반대 증거에도 불구하고 신뢰로 나아간다**. 그것은 그에게 주어진 유일한 선택권이었다.

아내가 나와 문제가 있을 때(나는 흠잡을 데 없는 남편이므로 이건 순전히 가상의 설정이다), 나는 아내가 자기 친구나 자매들, 혹은 장모님께 내 험담을 하기보다 차라리 그 문제를 내게 이야기하는 편이 좋다. 신뢰에 기초한 관계에서는 상대의 눈치를 보지 않고, 탁 터놓고 솔직하게 이야기하기 마련이다. 우리가 흔히 가족이나 친구들에게 보이는 수동적 공격성이나 역기능적 조종술 없이 말이다.

스스로를 곱씹어 보는 시간을 가진 후에 성소에 들어간 것은 시편 기자의 신뢰의 행동이다. 이것이 곧 우리에게 주는 핵심 메시지이다.

시편 기자들은, 하나님과 세계, 그 안에서의 우리 위치에 대한 특정 지식을 얻을 수 있는 원천이 성경이라고 보는 훌륭한 기독교 근본주의자가 될 수 없다. 오히려 이들은 성경이 교육용 매뉴

얼이 아니라, 믿음의 사람들이 자신들이 믿는 하나님이 어떤 존재인지를 두고 벌이는 내면의 대화이자 언쟁이란 사실을 우리 앞에 펼쳐 놓는다. 하나님에 대한 확신이 그들 눈앞에서 폭발했다. 그러나 이들은 하나님을 신뢰해야 할 논리적 이유가 전혀 없을 때에도 **어쨌거나** 우직하게 하나님을 신뢰했다. 하나님이 소홀한 부모나 거짓말쟁이라고 생각했을 때조차도 말이다.

나는, 모든 것이 무너져 내릴 때 하나님에 대한 신뢰가 가장 많이 자란다는 것을 중년이 되어서야 조금씩 이해하기 시작했다. 어쩌면 17세기 스코틀랜드 신학자 새뮤얼 러더퍼드_{Samuel Rutherford}의 말대로 "은혜는 겨울에 가장 잘 자란다."³ 그래서 어떤 순례자들은 2월에 머문다.

이 시편 기자들과 성경에 나오는 다른 불행한 인물들은 이 말에 동의할 것이다.

나는 물같이 쏟아졌으며 내 모든 뼈는 어그러졌으며
내 마음은 밀랍 같아서 내 속에서 녹았으며. 시편 22:14

4. 우리가 귀 기울여야 할 불행한 두 사람

좌우지간 하나님을 신뢰하라

하나님에 대한 믿음을 전혀 이해할 수 없고 그분을 신뢰해야 할 이유가 절망의 절벽 아래로 떨어져 버렸다면, 성경 특히 전도서가 좋은 친구가 되어 줄 것이다. 전도서는 시편보다 한 술 더 뜬다. 하나님은 믿을 만한 분이 아닐 뿐더러, 삶은 마치 계속되는 잔인한 농담처럼 펼쳐지다가 우리는 죽음을 맞는다.

그리고 그 책임은 하나님께 있다.

마음을 다하며 지혜를 써서

하늘 아래에서 행하는 모든 일을 연구하며 살핀즉

이는 괴로운 것이니 하나님이 인생들에게 주사

수고하게 하신 것이라.

내가 해 아래에서 행하는 모든 일을 보았노라.

보라, 모두 다 헛되어 바람을 잡으려는 것이로다.

구부러진 것도 곧게 할 수 없고

모자란 것도 셀 수 없도다. 전 1:13-15, 참고, 전 7:13

이것은 전도서의 주요 화자, 알려진 바가 거의 없는 전도자(일부 성경의 번역을 따르면, '선생'이나 '설교자')의 말씀이다.[1] 이 이름의 뜻을 정확하게 아는 사람은 아무도 없지만, **선생**이나 **설교자**는 자신의 걱정스러운 견해를 제대로 피력하지 못한 게 틀림없다.

우리가 알다시피 전도자는 하나님과 심각한 문제가 있다. 이 땅에서(전도자의 표현을 따르자면 '해 아래에서') 우리 인생은 하나님이 '주사 수고하게 하신 것'들로 가득하다. 우리의 일상 행위는 '바람을 잡으려는 것'처럼 우리에게 아무런 도움이 되지 않는다. 하나님이 세상을 그렇게 만드셨다! 그것을 바꾸기 위해 우리가 할 수 있는 일은 아무것도 없다. 하나님이 하신 일은 '구부러진 것'이라 곧게 할 수 없고 '모자란 것도 셀' 수 없다.

이것이 성경에 있는 말씀이다.

전도자는 중대한 신앙 위기에 빠져 있다. 모든 징조는, 하나님이 자연의 순환만큼 헛되고 터무니없는 존재를 조직하셨다고 그에게 알려 준다.전 1:5-10 전도자가 이야기하는 저 딱한 늙은 태양을 생각해 보자. 태양은 매일 쉬지 않고 뜨고 진다…. 내일도… 모레도 그다음 날도. 성과도, 발전도, 기다리는 월급날도 없다. 혹은 바람을 생각해 보자. 바람은 이쪽에서 저쪽으로 불면서 끝도 없고 의미도 없는, 헛되고 지루한 반복 속에 빙글빙글 돈다. 시냇물도 쉼 없이 바다로 흘러가지만 바다는 절대 가득 차는 법이 없다. 이 모든 노력에도 달라지는 것은 아무것도 없다.

인간도 자연처럼 쳇바퀴 돌 듯 허구한 날 열심히 일하지만,

궁극적으로는 아무런 성과도 없다. 모든 인간은 결국 죽기 때문이다.

바로 **그것**이 전도자의 중요한 문제이자 극복할 수 없는 난관이며, 모든 고통의 근원이다. 죽음은 모든 수고를 무효로 만든다. 우리는 평생 노력해서 큰 업적을 쌓고 엄청난 돈을 벌고 맨해튼 땅의 절반이라도 소유할 수 있겠지만, 그것들을 가지고 갈 수는 없다.

당연히 모든 사람은 죽는다. 그런데 전도자가 흥분하고 있는 까닭은 무엇인가? 글쎄, 아마도 다음과 같은 이유가 아닐까. 우리 모두는 죽는다는 것. 죽고 나면 우리는 마치 존재하지도 않았던 것처럼, 우리가 우리 이전에 살다가 죽은 사람들을 이미 잊어버린 것처럼, 재빨리 잊힌다.

이전 세대들이 기억됨이 없으니
장래 세대도
그 후 세대들과 함께
기억됨이 없으리라. 전 1:11

이 전도자, 정말 사람 기분 잡치게 하는 데 소질 있다. 응원단에 들어갈 만한 사람은 아니다. 하지만 그의 말에 일리는 있다.

지난 한 세기 동안 우리보다 앞서 사망한 수많은 사람을 생각해 보라. 우리는 그들을 잊어버리는 것은 둘째 치고, 그들 중

99.99999퍼센트는 누구인지도 모른다. 다이애나 왕세자비나 마이클 잭슨, 로빈 윌리엄스처럼 이름을 들어 본 적 있는 사람들도 페이스북 뉴스 피드 화면이 우리를 스쳐 지나가듯 우리의 기억을 지나 미끄러지듯 사라져 버린다. 실제로 누군가가 떠올려 주지 않는 한, 우리는 그들을 까맣게 잊은 채 살아간다.

오랜 친구나 룸메이트, 직장 동료들은 오래도록 기억에 남아 좀 더 자주 생각날 것이다. 그렇다고 얼마나 자주 생각날까? 우리와 아주 가까웠던 사람이라고 해도, 바쁜 일상 가운데 더 이상 여기 없는 사람들을 회상하려면 우연히 이들을 떠올리게 해 주는 것들이 필요하지 않던가? 이들도 사실상 우리 기억에서 사라진 것은 아닌가?

이 책의 인쇄 시점을 기준으로, 우리 부모님은 각각 7년 전과 10년 전에 돌아가셨다. 솔직히 말해, 매일 부모님을 생각하지는 않는데, 십중팔구 내 손자나 증손자들은 나보다도 덜 생각할 것이다. 생각을 하긴 한다면 말이다. 젠장! 내가 조부모님을 기억하는 일이 거의 없는 것처럼 후손들도 내 생각은 하지도 않을 것이다. 하물며 증조부모님은 좀 더 자세히 알아보지 않는 한 성함조차 알기 힘들다.

전도자는 정말 일리 있는 말을 한다. 우리는 아무 성과도 없는 쳇바퀴 위에서 숨을 헐떡거리느라 바빠서, 고인들을 우리의 활동 기억에 보존할 공간조차 마련하지 못한다. 자신의 죽음에 대해 생각할 시간도 없다. 역설적이게도, 인생이야말로 '의미'를 찾는 데 가장 큰 방해물이다. 하지만 결국, 우리는 그와 상관없이 죽는다. 그리고 잊힌다.

전도자에게 이런 말은 하지 말라. "자, 자, 이보게. 걱정하지 말라고. 우리가 죽어서 천국에 가면 만사형통인 거야. 다 의미가 있을 거라고." 전도자는 의심의 눈초리를 보낸다.

인생이 당하는 일을 짐승도 당하나니 그들이 당하는 일이 일반이라. 다 동일한 호흡이 있어서 짐승이 죽음같이 사람도 죽으니 사람이 짐승보다 뛰어남이 없음은 모든 것이 헛됨이로라. 다 흙으로 말미암았으므로 다 흙으로 돌아가나니 다 한 곳으로 가거니와 인생들의 혼은 위로 올라가고 짐승의 혼은 아래 곧 땅으로 내려가는 줄을 누가 알랴? 전3:19-21

나는 이 전도자가 기금 모금 행사나 장례식 연설 요청을 얼마나 받을까 궁금하다. 그 누구도 성경에는 손뼉 치며 기뻐하는 일만 있다고 함부로 말하지 못하게 하라.

전도자는 인생을 직시했다. 만사형통하고 하나님은 이치에 맞으신다는 종교 놀이를 거부했다. 나는 전도자의 솔직함과, 그가 말하는 것이 적어도 우리 모두가 가끔은 느끼는 바라는 사실에 마음이 끌린다.

오해가 없기를 바란다. 내 말은, 우리가 전도자와 함께 의심을 미화하며 절망뿐인 삶을 살려고 애써야 한다는 것이 아니다. 전도자의 말이 결정적이라는 뜻은 더더욱 아니다. **내 말은** 전도서의 마지막에 등장하는 전도자의 절망을 **통해** 전도서가 말하고자 하는 바에 주의해야 한다는 뜻이다. 전도서의 끝에서 우리는 믿음, 곧 알아야 한다는 필요성을 내려놓는 믿음의 놀라운 교훈을 깨닫는다.

분위기를 띄우는 휴식 시간도 없이 열두 번째 장까지 가면 전도자의 음성은 끝나고 화자가 이어받는다.전 12:9-14 (이 화자는 전도서의 도입부에서 전도자를 소개하기도 했다.) 놀랍게도 화자는 전도자의 믿음이 부족하다고 질책하거나 하나님을 곤경에서 구하려고 애쓰지 않는다. 그냥 그대로 놔둘 뿐이다. 오히려 그는, 늙은 당나귀 이요르를 닮은 전도자의 분위기에도 불구하고, 전도자가 **지혜롭고 깨달음**을 주는 선생이라고 말한다. 전도자의 말은 안도의 한숨에 날아가 버리지 않는다. 그 말씀을 듣는 것은 고통스럽지만 그럴 만한 가치가 있다.

지혜자들의 말씀들은 찌르는 채찍들 같고 회중의 스승들의 말씀들은 잘 박힌 못 같으니 다 한 목자가 주신 바이니라.전 12:11

지혜의 말씀은 목자의 막대기—양떼를 찌르기 위해 긴 지팡이 끄트머리에 못이 박혀 있다—처럼 아프다. 화자는 앞서 서술한 열두 장을 완화시킬 생각이 없다. 전도자의 말씀은 아프지만 그래야만 한다.

화자는 계속 이어나간다. 전도자의 말씀이 지혜롭긴 하지만, 우리는 그와 똑같은 공간에서 인생을 곱씹고 재탕에 삼탕을 거듭하며 영원히 살지는 않는다.

내 아들아, 또 이것들로부터 경계를 받으라. 많은 책들을 짓는 것은 끝이 없고 많이 공부하는 것은 몸을 피곤하게 하느니라. 일의 결국을 다 들었으니 하나님을 경외하고 그의 명령들을 지킬지어다. 이것이 모든 사람의 본분이니라. 전 12:12-13

화자는 독자들에게 책을 읽지 말라고 이야기하는 것이 아니다 (우리 신학생들은 그렇게 생각하고 싶겠지만). 그의 말은, 강박에 빠져 모든 일을 다 잘 해내려고 하면 영적·정서적으로 소진된다는 뜻이다. 그러니 '그만두라'는 것이다. 더 이상 아무 말도 말자. 더 이상 아무 말도 필요 없다.

이제 남은 것은 절망의 절벽에서 뛰어내리는 것이 아니라—지금 이 상황에서 누가 누구를 탓하겠는가?—오히려 그 반대이다. 하나님을 경외하고 그의 명령들을 지켜야 한다.

전도서는 현실을 은폐하지 않지만, 그 현실이 최후의 결정을 내리지도 않는다. **어쨌거나** 성실한 이스라엘 민족으로 살아가라고 한다. **어쨌거나** 계속해서 하나님을 경외하고 순종하라는 것이다. 경외와 순종은 늘 성실한 이스라엘 민족의 **표지였고 여전히 그러하다.**

아무것도, 심지어 이 모든 하나님의 일이 무익하고 무의미하다는 믿음조차도 그 사실을 바꿀 수 없다. 인생은 부조리하고 저 반대편에서 우리를 기다리는 것이 죽음뿐일 때에라도 말이다. 그럼에도 우리는 여전히 이 말씀을 읽는다. "그래, 안다. 나도 그런 적이 있단다. 누구든 조만간 그런 경험을 하게 될 거야. 그럴 때, **어쨌거나** 계속 이스라엘 민족으로 살아가렴. **어쨌거나** 하나님을 경외하고 그분 앞에 순종하며 살아가거라."

그럼에도 불구하고.

가볍게 하는 말이 아니다. 그럴 이유가 없을 때도 하나님을 계속 신뢰하기란 어려운 일이다. 그러나 그것이 전도서에 나오는 심오한 믿음의 역설이다. 불신과 환멸이 아무리 깊어도 **어쨌거나** 하나님을 신뢰하며 나아가야 한다.

말도 안 되는 상황에 맞닥뜨렸을 때, 하나님과 인생에 대한 우리 생각이 더 이상 정립되지 않을 때, 아무런 확신도 갖지 못할 때, 하나님을 신뢰해야 할 이유를 찾을 수 **없으면서도 여전히 하나님을 신뢰할 때**, 그럴 때 신뢰의 모습이 가장 밝게 드러난다. 다른 모든 것이 어두울 때 말이다.

전도서는 정말 성실한 사람이라면 피해야 할 나약한 믿음과 좋지 못한 생각에 관한 지루하고 유감스러운 이야기가 아니다. 오히려 진정한 믿음을 가진 사람들이 경험하는 바를 솔직하게 반영한 것이다. 전도서 기자는, 분별 있는 사람이라면 읽고 싶지 않을 맥 빠지는 시나리오를 독자들에게 억지로 읽힌다. 하지만

책의 마지막까지 버텨 낸다면 성경 전체에서 좀 더 힘을 북돋워
주는 말씀을 발견할 수 있을 것이다.

완전한 투명함과 굽히지 않는 정직함으로, 네 자신과 하나님에 대해
평계대지 말고, 모든 걸 직시하라.…그리고 어쨌거나 하나님을 신뢰
하라.

전도서는 성경의 진짜 보석 중 하나이다. 당신이 하나님에 대
해, 세상이 어떻게 돌아가는지에 대해 안다고 생각했던 **모든 것**
이 당신에게서 떨어져 나갈 때, 확신이 수증기처럼 사라질 때, 전
도서는 우리에게 믿음의 모습을 그려 준다.

나는 대학 시절 여름 방학동안 공공사업 회사에서 착암기로
구멍 뚫는 일을 했었다. 그때 다소 무뚝뚝한 현장감독에게 이따
금씩 나의 믿음에 대해 말해 주곤 했다. 언젠가 현장감독은 이렇
게 말했다(그의 현란한 '육두문자'는 생략하겠다). "이봐, 피터, 그런
것들을 정말로 믿는 남자는…그러니까…그런 남자를 **죽일** 수
는 없지."

정말이다. 우리가 하나님과 그분의 세계 너머에 있는 절망의
구덩이를 보았을 때, 하나님에 대한 우리 생각이 전혀 정립되지
않을 때, 그런 때조차도 **어쨌거나** 하나님을 신뢰하는 것이 그럴
만한 가치가 있다는 희망—희망을 갖고자 하는 실낱같은 희망
일지라도—으로 삶을 지속할 수 있을 만큼 하나님을 신뢰한다

면, 당신은 그런 사람을 죽일 수 없다.

전도서는 '네가 믿는 것이 무엇인지 알아야 한다'고 말하지 않는다. 오히려 '네가 무엇을 믿는지 알지 못할 때라도, 온 세상이 부조리할 때라도 하나님을 신뢰하라'고 말한다.

하나님이 무슨 일을 하시는지 알려고 애쓰지 마라

이제 성경에서 가장 불행한 사람, 욥이 등장한다. 그것이 욥의 잘
못은 아니지만 말이다. 앞서 살펴본 시편들에서처럼, 하나님은
우리 예상과 달리 욥에게 어떤 행동도 취하시지 않는다.

욥의 삶은 한적한 시골의 시냇물처럼 순조롭게 흐르고 있었
다.욥1장 가정적인 그에게는 열 자녀와 누구보다도 많은 가축과 재
물이 있었는데, 이는 '하나님의 축복'을 나타내는 성경적 표현법
이다. 욥은 매우 독실했다. 가족 모임을 마치고 나면, 그는 자녀
들이 죄를 지었을지도 모르므로 하나님께 번제를 드리곤 했다.
모범 인생의 예를 들자면 그가 바로 욥이었다.

거기까지는 좋았는데, 곧바로 장면이 바뀌면서 이스라엘의 하
나님 여호와가 다른 '천상의 존재들'이 출두한 가운데 재판을 열
고 계신다. 이 천상의 존재들이 정확히 누구인지는 분명하지 않
지만, 성경 다른 곳에서 이스라엘의 하나님이 신들의 모임을 주
재하시는 것을 볼 수 있으므로시 82편 여기서는 그것이 기본 개념
이다. 여호와 앞에 선 신성한 존재들 중에 하나가 '하사탄ha-satan'이

라고 불리는데, 대부분의 성경이 그를 사탄이라고 번역한다. 이 이름은 중세 기독교 신학이 창조해 낸, 빨간 쫄바지에 쇠스랑을 든 하나님의 대적을 떠오르게 만들기 때문에 아쉬운 면이 있다. '하사탄'은 '사탄'이 아니라 검찰 같은 '고발자Accuser'라는 직함이 어울린다.

신적 존재인 고발자는 이제 막 지상 감찰을 마치고 돌아왔다. 하나님은 이 세상에 '내 종 욥'처럼 온전하고 정직한 사람이 없다고 자랑하시기 시작한다. 고발자는 아무 감흥이 없다. 그는 욥이 그렇게 신실한 유일한 이유는 여호와가 마치 헬리콥터 부모처럼 욥 주변을 맴돌며 가족과 재물로 복을 주시기 때문이라고 철석같이 믿고 있다. 고발자는, 욥 본인에게 이익이 되기 때문에 하나님을 경배하는 것이라며 욥을 고발한다. 욥에게서 축복을 거두어들이면 그의 헌신은 마치 싸구려 접이식 탁자처럼 접혀 버리고 자신이 겉으로만 하나님을 섬기는 사람임을 깨닫게 될 것이라고 하나님께 단언한다.

놀랍게도 여호와는 이 **내기에 응하신다!** 거기서부터 욥기의 나머지 이야기가 펼쳐진다. 여호와는 욥의 목숨만은 건드리지 말 것을 유일한 조건으로 내걸고 고발자에게 시작해 보라고 말씀하신다.

고발자는 당장 실행에 들어갔다. 눈 깜짝할 사이에 욥의 가축이 도둑을 맞거나 종들과 함께 죽임을 당하고, 큰 바람에 지붕이 무너져 열 자녀가 모두 죽어 버린다. 고발자는 두 번째로 여호와를 알현하고.욥2장 다시 한 번 허락을 받은 후, 두 번째로 땅에 내려가 머리부터 발끝까지 종기가 나는 고통을 욥에게 주었다. 이 모든 일들로 욥은 부모가 자신을 잉태한 날까지 저주하는데, 그럴 만도 하다.욥3장 욥은 하나님이 도대체 자기에게 왜 이러시는지 알 수가 없다.

욥의 세 친구는 이 상황을 모두 지켜보고 있었다. 친구들이 욥을 알아보지 못할 정도로 그의 상태는 엉망이다. 처음에 친구들은 애도의 표현으로 자기들 옷을 찢고 머리에 재를 뿌리며 일주일 밤낮을 아무 말 없이 욥의 곁에 앉아 있다. 이런 친구들이 있다는 건 좋은 일이다. 일주일이 지난 후, 세 친구는(나중에 한 사람이 더 온다) 욥에게 이야기를 시작하는데, 이런 일을 당하는 데는 그럴 만한 이유가 분명 있다는 것을 납득시키려고 돌아가며 일장 연설을 한다.

욥이 자신들의 이야기를 듣고 싶어 하거나 말거나, 선하고 정직한 친구들은 사랑의 매처럼 하나님이 욥의 행위를 벌하시는 것이라고 말한다. 그 외에 다른 설명은 있을 수 없다. 어쨌거나 하나님은 공정하시며, 종잡을 수 없는 변덕에 따라 벌을 주시는 분이 아니다. 마찬가지로 욥의 친구 빌닷도 **욥의 자녀들이** 죄를 지었고 그럴 만한 이유가 있었기에 죽임을 당했다고 말한다.욥8:4 욥이 자신의 고통을 멈추기 위해 필요한 것은, 이런 상황에서 꼭 해야 할 일이라고 누구나 생각하는 바로 그것, 자기 죄를 회개하는 것이라는 말이다.

하지만 욥은 그 점에 대해 확신이 없다. 때로 그는 이렇게 말한다. "네, 무슨 뜻인지 알겠습니다만 하나님은 왜 제가 무슨 짓을 했는지 말씀해 주시지 않죠? 저는 도대체 이유를 모르겠거든요?!" 그러나 욥은 재빨리 입장을 바꾼다. "하지만 난 아무 잘못도 하지 않았다고요!" 욥('나는 잘못이 없어')과 친구들('아니, 네가 잘못했어') 간에 주거니 받거니 하는 이 논쟁은 서른네 장에 걸쳐 계속되면서 양측 모두에게 충분한 기회를 준다.

욥과 친구들은 내기의 전모를 알지 못하지만, 욥기를 읽는 독자들은 당연히 알고 있다. 그러므로 우리는 욥이 **정말로** 결백하다는 것을 안다. 사실 우리가 가진 지식의 일면에 비추어 보았을 때, 욥의 친구들은 하나님이 모든 것을 다 아신다고 주장하는, 영적 문제는 무엇이든 다 아는 척하는 짜증나는 사람들처럼 느껴진다.

그러나 욥의 친구들을 너무 나무라지는 말자. 그들은 내기에 대해서 모른다. 그들이 **아는** 것에 기초해 보면 그들 말에도 일리가 있다. "네가 이런 일을 당할 만한 짓을 분명히 했을 거야"라는 말은 행동에는 결과가 따른다는 성경의 주요 개념이다.

예를 들어 잠언을 보면, 지혜롭고 순종하는 사람은 복을 받고 하나님과 조화를 이루는 삶을 살지만, 미련하고 불순종하는 사람은 나쁜 결과에 이른다. 잠언은, 지혜롭든 어리석든 간에 우리가 내리는 결정은 우리를 어딘가로 이끈다는 주장을 시종일관 납득시킨다.

악인의 집에는 여호와의 저주가 있거니와

의인의 집에는 복이 있느니라.

진실로 그는 거만한 자를 비웃으시며

겸손한 자에게 은혜를 베푸시나니

지혜로운 자는 영광을 기업으로 받거니와

미련한 자의 영달함은 수치가 되느니라. 잠 3:33-35

욥의 친구들은 지극히 정상적이고 성경적인 이 생각을 욥에게 전달하려고 노력하는 것뿐이다. 욥은 분명히 저주와 멸시, 불명예를 얻었기에 "무슨 잘못을 한 거야?"라는 질문을 받을 만한 이유가 충분하다.

"행동에는 결과가 따른다"라는 개념은 이스라엘 민족 전체의 역사 곧 이스라엘 민족이 약속의 땅에서 쫓겨나 바빌론에 포로로 끌려간 까닭도 설명해 준다. 우리는 이스라엘의 불순종이 처참한 결과로 직결되는 모습을 수없이 보았다. 그 전체 개요는, 가나안 땅에 들어가기 전 모세가 이스라엘 백성에게 마지막으로 격려 연설을 하는 신명기 28장에 기록되어 있다. 그 메시지는 기본적으로 이런 내용이다.

네가 하나님께 순종하면, 약속의 땅에서 만사가 네게 매우, 매우, 매우 유리하게 흘러갈 것이다. 네 몸의 자녀와 토지의 소산이 풍부할 것이며, 필요한 만큼 비가 내리고 네 대적이 너를 건드리지 않을 것이다. 너는 복을 받을 것이다. 그러나 네가 순종하지 않으면, 만사가 네게 끔찍하고 비참하게, 몹시 나쁘게 흘러갈 것이다. 너는 질병, 기근, 굶주림, 불임 등 기나긴 고통의 목록을 마주하게 될 것이고, 네 적은 너를 포로로 삼고 다른 사람들이 네 땅으로 옮겨올 것이다. 너는 저주를 받을 것이다.

하나님은 이스라엘 민족 앞에 순종의 삶과 불순종의 삶이라는 중대한 결정을 두셨고, 그들의 선택은 명확한 결과를 가져올 것이라고 하신다. 하나님이 하신 말씀이므로 믿어도 좋다.

그래서 우리는 욥이 스스로 내린 결정에 대한 결과를 겪는 것을 본다. 그 결과 중 하나가 "그의 발바닥에서 정수리까지"욥 2:7 종기가 난 것이다. 신명기에서 하나님은 불순종하는 이스라엘 민족에게 "발바닥에서부터 정수리까지"신 28:35 종기로 벌하겠다고 하셨었다. 때문에 욥의 종기는 그의 결백에 도움이 되지 않는다.

행동과 결과에 대한 이러한 성경적 관점, 행동에 걸맞게 대접해 주시는 분으로 하나님을 보는 관점, 이런 관점을 심각하게 받아들인 욥의 친구들 입장이 되어 보자. 이들은 친구 욥을 찾아가 그가 처한 상황을 보았고, 우리가 예상하는 유일한 결론을 이끌어낸다. 욥이 하나님의 노여움을 살 만한 행동을 했다는 것이다. 욥은 당황스러웠고, 그가 당황스러워하는 모습을 본 친구들도 당황스럽기는 마찬가지이다.

게다가 그의 친구들이 일깨워 주듯, 욥은 오랫동안 하나님이

복 주셔서 여러 혜택을 입고 있었다. 욥은 행동과 결과라는 개념이 어떻게 작용하는지 다른 사람들에게 가르치기도 했다. 그러나 이제 고통을 당하는 입장이 되고 보니 무슨 일이 일어나고 있는지 밑도 끝도 없이 알 수가 없다. 욥은 어찌 그리 쉽게 잊어버린 것인가! 욥 본연의 모습은 어디로 가 버린 것인가?

그래서 욥의 친구들은 자신들의 권리―실제로는 책임―범위 안에서 하나님의 역사에 대하여 상기시켜 준다. 이 모든 내용은 욥이 익히 '아는' 것이었고, 그들은 이렇게 함으로써 욥이 어리석은 행동을 하지 않도록 설득한다.

욥은 그들의 이론은 이해하지만―그게 바로 문제이긴 하다―하나님이 왜 자기 등 뒤에 '과녁'을 그려 넣고 몸소 '화살'을 잔뜩 쏘셨는지 알 수가 없다(욥 7:20과 6:4을 보라). 그래서 그는 완전한 위기 상황에 빠진다. 그에게는 도움을 청할 곳도, 하나님 앞에서 자신의 결백을 옹호해 줄 이도, 하나님이 왜 그렇게 하나님답지 않은 행동을 하시는지 맞서 줄 이도 없었기 때문이다.

주께서 주의 손으로 지으신 것을

학대하시며 멸시하시고

악인의 꾀에 빛을 비추시기를 선히 여기시나이까?

주께도 육신의 눈이 있나이까?

주께서 사람처럼 보시나이까?

주의 날이 어찌 사람의 날과 같으며

주의 해가 어찌 인생의 해와 같기로

나의 허물을 찾으시며

나의 죄를 들추어내시나이까?

주께서는 내가 악하지 않은 줄을 아시나이다.

주의 손에서 나를 벗어나게 할 자도 없나이다.욥 10:3-7

바꾸어 말하자면, "하나님, 왜 나의 결백함을 아시면서도 내 죄를 들추어내며 어찌하여 내게 한낱 사람, 그것도 부당한 사람처럼 행동하십니까?"라고 말하는 것이다.

전도서와 마찬가지로, 욥과 친구들 사이의 이 지루한 옥신각신은 결국 다음과 같이 말하기 위해 그저 충전재를 채우는 것이 아니다. "여기에 불성실함을 보여 주는 한 예시가 있다. 이런 행동은 하지 말라." 오히려 우리가 잠언과 전도서에서 본 매우 현실적이고 일반적인 생각을 다른 각도에서 탐구하며 대화가 펼쳐진다.

우리가 하나님에 대하여 알고 있거나 알고 있다고 생각하는 것은, 아무리 절대적으로 확신한다고 생각하더라도 확실한 것이 아닐 수도 있다. 우리에게 그럴 권리가 있다고 아무리 확실히 생각할지라도 말이다.

이번에도, 우리의 확신이 성경에서 비롯되었다면 그것은 진실이다. 그렇다. 성경 기자들은 때때로 하나님의 방법을 선명한 기록으로 보여 준다. 그러나 당신이 성경 말씀을 장절까지 인용할 수 있다 하더라도, 하나님이 언제 어디서나 이런 모습으로 역사하신다고 믿어서는 안 된다. 성경은 기독교 사용 설명서가 아니다. 하나님은 여전히 신비롭고, 범접할 수 없으며, 인간의 인지 능력을 넘어선 곳에 계시다.

이것이 마침내 하나님이 친히 대화에 참여하면서 하신 말씀이다.

마지막 네 장(38-42장)에 걸쳐서 하나님은 장황한 연설에 감명 받지 않으셨음을 분명히 밝히신다. 이 사건에 대해 하나님은, 오직 자신만이 창조주이기 때문에 이 사람들은 하나님을 심문할 처지가 아니라고 설명하신다.

나는 하나님의 답변에 전적으로 동의한 적이 없다고 해야 할 것 같다. 욥은 "선한 사람들에게 왜 나쁜 일이 일어납니까?"라든가 "왜 저한테 나쁜 일이 일어나고 있죠?" 같은 철학적 질문을 던지지 않았다. 오히려 시편 기자들처럼 이렇게 묻고 있었다. "내 생명이 몸에서 빠져나가고 있습니다. 왜 당신이 하신 약속에 충실하지 못하십니까? 우리가 하나님의 규례를 따라야만 한다면서, 오, 주여, 주님은 왜 지키지 않으십니까?"

하나님은 욥에게 고발자와 한 내기를 말씀해 주실 수도 있었지만 그렇게 하지 않으셨다. 마치 하나님은 그 천상의 대화에서 어떠한 내용이 오갔는지 욥이 모르기를 원하시는 것 같다. 오히려 여호와는 자신이 창조주이지 욥이 창조주는 아니므로, 욥이 그 자리에 서서 하나님을 심문할 권리가 없다는 내용의 꽤 장황한 연설을 하신다. 욥은 반격한다. 이 내용이 욥기에 실린 그의 마지막 말이다.욥 42:1-6 욥은 하나님이 얼마나 크고 강하신지 알고는 있지만, 욥기 3장에서부터 자신을 괴롭힌 질문에 대한 답을 여전히 듣고 싶어 한다. "이런 일을 당할 만한 짓은 하지 않았는데 왜 이런 일들이 벌어지는 겁니까?"

욥은 넉 장에 걸친 여호와의 필리버스터에 굽히지 않는다. 그는 여호와께 대답을 듣기 위해 최선을 다해 버틴다.[2] 부당한 처벌을 받아들이기보다 하나님 앞에 정직하게 맞서는 욥의 **이런** 결단으로 인해 여호와는 욥의 친구 엘리바스에게 이렇게 말씀하신다.

내가 너와 네 두 친구에게 노하나니 이는 너희가 나를 가리켜 말한 것이 내 종 욥의 말같이 옳지 못함이니라.욥 42:7

그래서 "나는 하나님이니 나에게 묻지 말라"는 식의 이 모든 대응이 끝난 뒤, 하나님은 욥을 응원한 모든 이들에게 그들이 듣고자 했던 말씀, 곧 욥이 옳고 그의 친구들이 틀렸다는 말씀을 해 주신다.

원칙대로 하자면, 엄밀히 따져 욥의 친구들이 옳았다. 그들은 욥이 고통당하는 이유를 확신할 만한 충분한 이유가 있었다. 그래도 하나님은 그들이 틀렸다고 말씀하신다.

하나님은 사람들이 현실에서의 기본 양식, 곧 하나님이 그들에게 기대하시는 것과 삶의 기본 규칙들을 알기를 원하신다. 그래서 하나님은 사람이 그것을 알도록 지으셨으며, 욥과 그의 친구들은 이 동일한 전제 아래 움직이고 있었다. 욥은 이런 사고방식을 결코 부인하지 않는데, 그것이 그에게 엄청난 괴로움을 준다. 욥은 하나님이 어떻게 역사하시는지에 대한 자신의 '성경적' 관점과 자신의 고통을 일치시키지 못한다.

그래서 욥기는 우리가 알아야 한다는, 더 정확하게는 우리가 하나님의 내적 역사하심을 **알 수 있다**는 기대를 내려놓으라고 말하는 성경의 한 책이다. 하나님에 대한 우리의 생각이 아무리 확실하고 진실하다고 생각하더라도, 우리가 '아는' 것들에 도전하며 지금 여기에서 하나님과 드잡이하는 것은 결코 너무 멀리 나간 일이 아닐 것이다. 그 지식이 온전히 성경의 장과 절에서 온 것이라 하더라도 말이다.

우리에게 욥과 같은 순간이 찾아올 때 돌파할 비결은, 하나님이 몇 가지 보너스 정보를 우리에게 주셔서 모든 것이 딱 맞아떨어질 수 있기를 기대하는 게 아니다. 욥과 그의 친구들 같은 사람들이 원하는 대답은—그들은 '자신들이 믿는 것을 알아야만' 하기 때문에—하나님이 감추고 계신 바로 그 대답이다. 특별한 지식이 아니다.

오히려 하나님은 우리 사고의 한계를 드러내 보이신다. 그러면 우리는 알고자 하는 필요성을 내려놓고, 매순간 최선을 다해 하나님을 신뢰할 수밖에 없음을 깨닫는다. 하나님은 하나님이시기 때문이다.

이와 같은 신뢰는 이성, 곧 우리 자아가 갈망하는 통제력에 도전한다. 이것이 핵심이다. 하나님을 우리 머릿속에 가두어 놓았기 때문에 신뢰가 작동하지 않는 것이다. 결국 신뢰는, 마침내 우리가 할 수 없음을 깨닫게 되었다는 사실과는 무관하게 작동한다.

여호와여, 주의 이름을 아는 자는 주를 의지하오리니
이는 주를 찾는 자들을 버리지 아니하심이니이다. 시편 9:10

5.

하나님을 믿는 것, 귀신들도 할 수 있을 만큼 쉬운 일

무엇이 아니라 누구를 믿는가

이런 생각을 하는 사람들도 있을 것이다. "좋습니다, 시편 몇 편과 전도서, 욥기는 이해했어요. 하지만 이 친구들이 주류는 아니잖아요. 심지어 좀 파격적이라고도 할 수 있죠. 성경은 당신이 믿는 게 무엇인지 아는 데 관심이 있지 않나요? 성경은 하나님에 대한 바른 내용을 '믿는' 것이 중요하다고 말하지 않나요?"

나는 이런 질문들이 어디에서 나오는지 확실히 알고, 기억한다. 하나님을 '아는 것'이나 '올바르게' 생각하려고 애쓰는 것이 **잘못**이라고 생각하지 않는다. 전혀 아니다. 문제는 올바른 생각에 대한 **집착**, 곧 하나님에 대한 우리 생각을 그분의 진짜 모습으로 착각하고 그 확신을 고수하는 것을 믿음의 기반으로 삼는 것이다.

성경은 그런 집착에는 조금도 관심이 없다.

그래서 나는 **믿음**believe, belief이라는 단어와 사소한 갈등을 겪게 된다.

우리가 신앙 이야기를 할 때 믿음이라는 단어를 어떻게 사용하는지 생각해 보라. "자네는 **무엇을** 믿나? 정말인가? 나는 **그런 것은** 절대 믿지 않네. 내가 믿는 건 **이런** 거지. 자네가 믿는 **것과** 내가 믿는 **것은** 완전히 다르군. 자네, **그런** 믿음으로는 우리 교회에 다니거나 내 딸과 데이트를 할 수 없겠어."

'무엇'과 '그것'. **믿는다**는 것은 거의 반사적으로 '생각'을 나타내는 단어, 생각의 내용을 서술하는 단어이다. 나는 하나님이 살아 계신 **것을** 믿는다(무신론자들은 믿지 않는다), 나는 하나님이 이 세상을 (우연이 아니라) 창조하셨다는 **것을** 믿는다, 나는 예수님이 (그렇고 그런 유대인 목수가 아니라) 하나님의 아들이라는 **것을** 믿는다 등등. 교회의 교리들과 신앙고백은 내용, 곧 하나님에 대한 생각을 열거하고 동의할 것을 강조한다.

나는 교리라든가 내가 믿는 것에 대하여 이야기하는 것을 반대하지 않는다. 그러나 성경의 용례대로, **믿는다**는 것은 누군가가 믿는 **것에** 초점을 맞추는 것이 아니라 그 사람이 **신뢰하는 누군가** 곧 하나님께 초점을 맞추는 것이다.

믿는다는 동사의 목적어는 '인격'이다.

그 사실을 망각한다면, 우리는 **믿음**의 핵심을 누군가가 아니라 **무언가**로 생각하려는 성향에 따라 성경을 읽을 것이고, 그 때문에 올바른 생각에 집착하게 된다. 그것은 논점을 벗어난 것이다.

믿음에는 당연히 내용이 있다. 이스라엘 민족은 하나님이 자신들을 위해 하신 일들, 말하자면 이스라엘 백성을 위험(이집트 노예 생활과 바빌론 유수, 이 두 가지가 대표적 예이다)에서 구원하신 일 **때문에** 하나님을 신뢰했다. 그러나 성경에서 **믿는다**는 개념을 마주했을 때, 그 초점은 **무엇**이 아니라 **누구**에 있다. 생각의 내용이 아니라 한 인격에 대한 신뢰다. 여기서 내가 말하려는 요점이 바로 그것이다.

성경 시대 사람들은 현대인들과 달리 **무엇**을 믿을지에 집착하지 않았다. 오늘날 기독교를 포함한 모든 종교는, 수천 년 전에는 그 누구의 레이더 화면에도 나타나지 않았던 지적 도전에 직면해 있다. "천상의 신성한 영역은 실제로 존재하는가?"라는 질문은 당시에는 그다지 시급한 문제가 아니었다(그래도 회의론자들은 있었겠지만 말이다).

실제로 신성한 영역은 단순히 존재하는 것 이상이었다. 그곳은 현재의 일상 세계를 설명해 주는 궁극적 실재였다. 전도서 기자는 예외에 가깝다. 그의 회의적 태도는 만사를 포기하고 싶어질 정도로, 자신을 필요 이상으로 몰아붙였다. 그러나 욥기와 시편처럼 전도서 기자의 문제는 정말로 하나님을 더 이상 신뢰할 수 없는 이유, 혹은 그것이 심지어 중요한 문제가 되는 이유이지, 하나님과 신성한 영역이 실재하느냐의 여부는 아니었다.

오늘날 신성한 영역에 대한 회의론과 불신은 굉장히 흔하고 많은 사람에게 당면한 문제이기도 해서, 최소한 서구 문화권에서는 설명이 필요 없는 일반적인 것이라고까지 할 수 있다. 대학을 졸업한 똑똑한 이십 대 여성이 얼마 전에 내게 이런 말을 했다. "많이 알수록 하나님을 믿기가 어려워집니다." 이 여성의 말은, 우리가 사는 현대 사회는 초자연적 방법보다는 과학적 방법으로 꽤 설득력 있게 만사를 설명해 주기에 하나님—혹은 하늘 보좌에서 우리를 내려다보시는 성경 속 인격적 하나님—이 존재한다는 사실을 점점 믿기 어렵게 만든다는 뜻이었다.

따라서 우리가 성경에서 '믿음'이나 '믿는다'는 단어를 발견할 때는 (그런 유혹이 들더라도) 지나치게 합리적으로 분석한 의미를 성경 인물에 주입해서는 안 된다. 이 단어들을 **신뢰**로 바꾸면, 성경이 추구하는 의미에 좀 더 근접할 것이다. 그럴 때 우리는 깨닫는 내용에 놀라고, 고무될 것이다.

아멘

성경의 앞부분인 창세기에는 훗날 이스라엘 민족으로 발전할 족속의 족장, 아브라함이 나온다. 이야기에 따르면, 하나님이 아브라함(당시에는 아브람)의 꿈에 나타나신다. 하나님은 자식 없이 나이 먹은 아브라함에게, 그와 아내 사라(사래)가 마침내 아들(이삭)을 낳을 것이고, 나중에는 그의 후손이 하늘의 별과 같이 헤아릴 수 없게 되리라고 약속하신다.

숫자만 놓고 본다면 우리는 이 이야기를 성경에 나오는 허풍이라고 치부할 수도 있지만 그것이 중요한 게 아니다. 성경은 아브라함이 이 약속에 반응하여 "여호와를 믿으니"^{창 15:6}라고 기록했는데, 이는 성경에서 믿음이 최초로 등장하는 부분이다.

이 이야기의 히브리어 원문에서 **믿는다**는 말은 '아만_{aman}'인데, 이 단어가 영어로 옮겨져 우리가 아는 '아멘'이 되었다. '아멘'은 기도를 마쳤으니 이제 눈을 뜨고 식사를 시작해도 좋다는 단순한 사회적 신호에 불과한 말이 아니다. 기도의 마지막 말인 '아멘'은 다음과 같은 신뢰의 선언이다. "주님, 우리의 대화가 끝났습니다. 우리는 주님께 우리의 안녕을 고하여 올렸고 이 문제를 주님 손에 맡깁니다. 이제 우리는 이 문제에 대하여 주님을 신뢰합니다."

하나님은 아주 나이 많은 남자와 나이 많아 임신할 수 없는 그의 아내에게 수많은 자녀를 약속하셨다. 아브라함은 믿었다. 단순히 하나님이 그 약속을 이루실 수 있다는 **것**뿐만 아니라 하나님이 그 약속을 **지키실 것**을 신뢰했다. 아브라함은 하나님이 해내실 것이라고 "아멘"으로 응답했다. 만약 우리가 이 말을 하나님에 **대한** 우리 생각이라는 '무엇/그것'의 범주에 집어넣으려는 반사작용을 억누르고, 하나님을 **향한** 신뢰의 단어인 '누구'로 기억한다면, 아브라함이 '믿었다'고 말해도 아무 문제가 없다.

'믿음'은 신약에도 자주 등장하는데 여기서도 신뢰의 단어로 사용된다. 한 남자가 경련을 일으키며 입에 거품을 문 아들을 치료해 달라고 예수님께 데려왔을 때처럼 말이다.막 9:14-29 예수님은 "믿는 자에게는 능히 하지 못할 일이 없느니라"막 9:23고 말씀하셨고, 그 말씀에 이 아버지는 이렇게 소리쳤다. "내가 믿나이다. 나의 믿음 없는 것을 도와주소서."

다들 알겠지만, 괴로운 이 아버지의 말뜻은 이런 것이 아니다. "예수님, 저는 예수님이 제 아들을 고치실 수 있다는 약 85퍼센트의 확신으로 움직이고 있습니다. 하지만 예수님이 그 가능성을 100퍼센트로 끌어올려 주시기를 바랍니다." 대부분의 부모가 공감하겠지만, 오히려 이 아버지는 내려놓아야 한다. 현 상황은 그의 능력 밖 일이다. 아버지는 아들을 온전히 예수님께 맡겨야 한다. 이 아버지는 실제로 이렇게 말하는 셈이다. "네, 주님을 신뢰합니다. 최소한 그러려고 노력합니다. 믿고 싶습니다. 저는 두렵습니다. 주님을 믿을 수 있게 도와주십시오."

예수님이 회당장 야이로의 딸을 고치러 가셨지만 너무 늦으셨던 이야기도 있다.눅 8:40-56 예수님이 지체하시는 사이, 아이가 이미 죽었으니 번거롭게 오실 필요가 없다는 소식이 전해진다. 예수님은 "두려워하지 말고 믿기만 하라. 그리하면 딸이 구원을 얻으리라"눅 8:50고 대답하신다. 예수님이 집에 도착하셨지만, 그때서야 소녀를 위해 무언가를 하겠다는 생각은 완전히 비상식적이었다. 예수님이 "믿기만 하라"고 말씀하셨을 때 그분은 그들, 특별히 야이로에게 자신이 약속을 지킬 것을 신뢰하라고, 딸을 자신에게 맡기라고 분명히 요구하고 계셨다.

야고보서는 이 개념을 이렇게 한 줄로 요약한다. "네가 하나님은 한 분이신 줄을 믿느냐? 잘하는도다. 귀신들도 믿고 떠느니라."약 2:19 하나님이 x나 y나 z라고 믿는 **것**은 그 나름의 역할이 있지만 귀신도 할 수 있을 만큼 아주 쉬운 일이다. 그렇지만 머리에서부터 온전한 자아—여기에 당신의 믿음이 들어 있어서 하나님을 **신뢰**할 수 있게 된다—로 옮겨가는 것은 전혀 별개의 일이다. 이것은 우리가 믿음을 논할 때 간과해서는 안 될 부분이다.

믿는다는 것은 두려움과 행동하려는 충동을 내려놓고 하나님을 신뢰한다는 '인격' 단어이다. 그래서 나는 성경에서 이 단어를 만날 때면 **신뢰**라는 말로 바꾸는데, 그렇게 하는 것은 언제나 큰 차이를 만든다. 나는 따뜻함과 안락함이 가득한 내 머리를 떠나라는 도전을 받고, 위험을 감수하며 하나님을 신뢰하게 된다.

믿는 것은 쉽다. 믿음은 우리가 궁지에서 벗어날 수 있는 방법을 생각할 수 있는 자유재량을 준다. 그러나 신뢰에는 그 어떤 자유재량도 없다. 그것을 폭발시켜 버린다. 신뢰란 '올인'하는 것이다.

믿음은 머리나 가슴에 있지 않다

누군가에게 "신앙faith이 있다"고 말할 때 우리는 '믿음belief'과 유사
한 문제에 부딪히게 된다. 우리가 누군가에게 "당신의 신앙에 대
해 이야기해 주십시오"라고 부탁하면 이런 대답을 들을 수 있다.
"음, 저는 그리스도인입니다. 예수님이 하나님의 아들이시고, 내
죄를 위해 죽으신 것을 믿습니다."

　다시 말하지만, 이 말에는 잘못된 것이 없다. **신앙**은 **믿음**과 마
찬가지로 **내용**이 있는데, 또다시 말하지만, 우리는 그 단계에 머
물러서는 안 된다. 그랬다가는 많은 것을 놓칠 것이다. 신약성경
처음부터 끝까지 '신앙'이란 말이 등장하는데(이 책에서는 faith와
belief를 구분하기 위해 편의상 '신앙'으로 옮겼지만, 개역개정 성경은
대부분 '믿음'으로 번역한다—옮긴이), 통상적으로 이는 생각해야
할 내용이 아니라 하나님을 신뢰하고 **그에 따라 행동하는 것**을
가리킨다.

　믿음은 **인격** 단어이자, 신뢰 단어이다. 우리는 아픈 아들을 둔
아버지와 야이로의 죽은 딸 이야기에서 이에 대한 두 예시를 보

왔다. "내가 믿나이다. 나의 믿음 없는 것을 도와주소서." "믿기만 하라. 그리하면 딸이 구원을 얻으리라."

이 이야기들은 '믿음 없음'과 '믿음'을 이야기하지만 그 배후에 있는 그리스어 단어는 신약성경 다른 곳에서 '신앙'으로 번역한 동일한 단어 '피스티스_pistis_'이다.[1] 그러므로 영어에서는 다른 두 단어이지만, 그리스어로는 두 용례로 쓰이는 같은 한 단어이다.

문법적인 면 외에도, 우리가 신약에서 '믿음'이나 '신앙'이란 단어를 볼 때는 무슨 일이 일어나고 있는지 주의해서 볼 필요가 있다. 거기서는 우리가 하나님이나 예수님에 대해 믿는 내용이 아니라 전적인 신뢰를 이야기하는 경우가 많다.

'피스티스'는 또한 행동 단어이다. 이 대목에서 사태는 흥미로워지기 시작한다. '피스티스'가 행동 단어로 사용될 때는 대개 '성실한/성실함' 혹은 '신뢰할 만한/신뢰성'으로 번역한다.

그래서 어쨌다는 것인가? 우리가 이런 사실을 알면, 신약성경 기자들이 신앙에 대해 이야기할 때 의미하는 것에 대해 더 크고 깊이 있는 관점을 가질 수 있다. 신앙은 우리 머릿속에 '있는' 생각이나 마음속에 '있는' 감정처럼 우리에게 '있는' 무언가가 결코 아니다.

신앙은 우리가 삶을 바라보는 전반적인 방식과 그에 따른 행동 방식을 묘사한다.

신앙은 자녀에 대한 두려움을 내려놓고 그 아이를 예수님께 맡기는 부모를 묘사한다. 그런 신앙은 의도적으로 신뢰를 선택하는 것인데, 통제권을 내려놓고 그렇게 하기란 쉬운 일이 아니다. **신앙**은 만만치 않은 단어이다.

신앙은 하나님께만 향하지 않고 다른 사람들에게도 향한다. 예수님을 따르는 자들은 서로 '피스티스'해야 한다. 서로 '성실하라'는 뜻이다. 사도 바울의 표현처럼, "…사랑으로써 역사하는 믿음[피스티스]뿐이니라."갈 5:6 바울은 이렇게 말하지 않는다. "잘 들어라. 지금 두 가지 일이 벌어지고 있다. 우리 **안에** 있는 신앙과 다른 사람들에게 보여 주는 사랑이 그것이다." '신앙'을 **성실함**으로 바꾸어 보는 것은 바울의 관점을 더 분명하게 이해하는 데 도움이 된다. 그는 신앙과 사랑이 동전의 양면과 같다고 말하고 있다.

신앙은 하나님과 우리 사이에 일어나는 단순한 무언가가 아니다. **신앙**은 공동체 단어이다.

다른 사람을 향한 성실함을 요약할 때 바울이 즐겨 쓰는 표현 중 하나가 겸손이다. 겸손은 다른 사람을 나의 필요와 욕구 앞에 두는 태도와 행동을 말한다. "아무 일에든지 다툼이나 허영으로 하지 말고 오직 겸손한 마음으로 각각 자기보다 남을 낮게 여기고."빌 2:3 이것을 간단명료하게 표현하면 '피스티스'이다.

하지만 이게 다가 아니다.

신앙은 **하나님**이 하시는 일도 묘사한다. 이 점은 '신앙을 갖는 것'만으로는 충분하지 않다는 중요한 단서이다. 하나님께는 '신앙이 없지만' 그분은 **성실하시다**. 어떻게 그러실 수 있는가? 우리는 하나님이 하시는 일로 그분의 성실하심을 알 수 있다.

이 점은 이미 시편 89편에서 살펴보았다. 시편 기자는 하나님의 인자와 성실('아만')을 끊임없이 기록한다. 기억하라. 시편 89편에서는 하나님은 말씀뿐이고 행동하지 않으신다고 불평했다. 약속하는 것은 좋다. 하지만 다윗 자손을 보존하시는 것처럼 하나님이 실제로 행동을 하실 때에 한해서이다. 그렇지 않다면 하나님이 무슨 말씀을 하시든지 그분은 성실하지 않으신 분이다.

시편 40편에서도 다윗은 자신을 어떤 위협에서 구원하신 하나님을 찬양한다.

내가 주의 공의를 내 심중에 숨기지 아니하고
주의 성실['아만']과 구원을 선포하였으며. 시 40:10

신약에서는 하나님의 인자와 성실이, 외부의 적으로부터 우리를 구원하는 행위를 통해서가 아니라 아들을 보내시고 그를 죽음에서 일으키셔서 온 세상을 구원하는 데서 드러난다. 롬 8:3

예수님은 하나님의 성실하심이 드러나는 가장 위대하고 결정적인 행위이다.

그뿐 아니라 성실함은 예수님을 묘사하기도 한다. 사도 바울은 이렇게 말한다.

사람이 의롭게 되는 것은 율법의 행위로 말미암음이 아니요, 오직 **예**

수 그리스도를 믿음으로 말미암는 줄 알므로…,갈2:16; 저자 강조

　제대로 읽자면, '예수 그리스도의 **성실함**'(여러 성경의 각주에서
찾아볼 수 있다)이 될 텐데, 이 두 해석은 사뭇 다르다.[2]

　바울은 "당신의 노력이 아니라 **당신의** 믿음으로 하나님 앞에
서 의롭게 된다"라고 말하는 것이 아니다. 그는 **우리**가 가진 두
가지 선택 사항을 대조하는 것이 아니다. 그가 대조하는 것은 **당
신의** 노력과 당신을 향한 예수님의 **성실함**이다. 로마 십자가에
달리신 순종의 죽음이 그 성실함을 보여 준다. 바울은 우리가 하
는 일이 아니라, **예수님이 하신** 일과 그분의 성실함에 대해 이야
기하는 데 관심이 있다.

　하나님의 성실을 드러내는 위대한 행위는 우리를 위하여 그분
의 독생자를 주신 것이다. 하나님은 모든 것을 다 주셨다.

　예수님의 성실을 드러내는 위대한 행위는 우리를 위하여 끝까
지 견뎌 내셨다는 것이다. 예수님은 모든 것을 다 주셨다.

　이제 우리가 움직일 차례인데, 이것이야말로 이 모든 일의 핵
심이다.

　성부 하나님과 성자 하나님처럼 우리도 성실해야 한다. 어떤
면에서는, 우리가 하나님을 신뢰할 때 그분께 성실한 것이다. 그
러나 신앙 곧 '피스티스'는 거기서 멈추지 않는다. 앞에서 우리가
보았듯, 신앙은 다른 사람들을 향한 성실함으로 확장되어 겸손
과 자기를 희생하는 사랑으로 나타난다.

우리에게 진짜 도전이 되는 부분이 이것이다. 우리가 이처럼 서로 성실하면, 단순히 착하고 친절한 사람이 되는 데서 그치지 않는다(물론 그것도 중요하다). 그보다 훨씬 더 중요한 것은, 우리가 서로 성실할 때 바로 그 순간 **성실하신 성부 하나님과 성실하신 성자 예수님처럼 행동하게 된다**는 것이다.

하나님을 닮는 것, 그것이 목표이다. 그런데 우리가 그분에 대하여 옳다고 확신할 때나 다른 사람들에게 우리가 옳다고 이야기할 때, 그럴 때 우리가 하나님을 가장 많이 닮는 것이 아니다. 우리가 그분을 가장 많이 닮는 때는 성실한 하나님과 그 아들 예수님처럼 서로에게 행동할 때이다.

겸손과 사랑과 친절은 **우리의** 성실함을 드러내는 위대한 행위이자 우리가 '올인'하고 있음을 보여 주는 방법이다. "어느 때나 하나님을 본 사람이 없으되 만일 우리가 서로 사랑하면 하나님이 우리 안에 거하시고 그의 사랑이 우리 안에 온전히 이루어지느니라." 요일 4:12 서로 사랑하는 것은 우리가 하나님을 보는 일에 가장 근접한 방법이다.

하나님이 우리 '안에' 계신다는 것은 우리 머릿속에 있는 생각이나 우리가 고수하는 신념 체계, 암송하는 교리, 신봉하는 신앙고백을 초월한다. 그것들이 얼마나 중요하고, 우리가 얼마나 열심히 진심으로 그런 행동들을 하느냐와는 상관없다는 말이다. 하나님에 대한 우리의 모든 생각을 올바르게 정리하고 지키는 데 집착하는 것은 믿음이 아니다. 믿음이란 우리가 날마다 하나님을 얼마나 신뢰하며, 날마다 주변 사람들 사이에서 얼마나 하나님 닮은 모습을 보여 주느냐 하는 것이다.

야고보서에 쓰인 대로, 행함이 없는 믿음은 가치도 없고 죽은 것이다.

내 형제들아, 만일 사람이 믿음이 있노라 하고 행함이 없으면 무슨 유익이 있으리요? 그 믿음이 능히 자기를 구원하겠느냐? 만일 형제나 자매가 헐벗고 일용할 양식이 없는데 너희 중에 누구든지 그에게 이르되 평안히 가라, 덥게 하라, 배부르게 하라 하며 그 몸에 쓸 것을 주지 아니하면 무슨 유익이 있으리요? 이와 같이 행함이 없는 믿음은 그 자체가 죽은 것이라. 어떤 사람은 말하기를 너는 믿음이 있고 나는 행함이 있으니 행함이 없는 네 믿음을 내게 보이라, 나는 행함으로 내 믿음을 네게 보이리라 하리라. 약 2:14-18

만약 우리가 **믿음**과 **신앙**을 '올바른 생각'이라고 생각한다면 성경 기자들의 의도를 놓치게 된다. 이 단어들은 우리가 생각하는 것 이상으로 심오하고 어렵다. 또한 우리를 더 깊은 하나님의 임재로 이끄는 아름다운 단어들이기도 하다.

내게 있는 '모든 것'을 아낌없이 드리네

당신이 하나님께 자녀를 약속 받은 구십 대 부부이건, 구원을 바라며 하나님을 바라보는 시편 기자이건, 죽어가는 자녀를 주님께 맡긴 부모이건, '무슨 일이 있어도 하나님을 신뢰하라'는 것이 성경을 관통하는 큰 주제이다. 그러나 일이 닥쳐 궁지에 몰렸을 때에만 하나님을 신뢰해야 하는 것은 아니다. 하나님을 믿는다고 말하는 사람들은 매순간, 평상시에도 하나님을 신뢰해야 한다.

어려운 요구를 하면서도 잠잠히 위로가 되는 다음과 같은 잠언 본문에서 우리는 그 점을 납득할 수 있다.

너는 마음을 다하여 여호와를 신뢰하고
네 명철을 의지하지 말라.
너는 범사에 그를 인정하라.
그리하면 네 길을 지도하시리라. 잠 3:5-6

구약에서 '마음heart'은 단순히 감정이 자리한 곳이 아니다. 마음은 한 사람의 생각과 윤리 기준, 의지의 중심이기도 하다. "마음을 다하여"라는 말은 '네 모든 것, 모든 부분 곧 네가 느끼고 생각하고 행동하고 의도하는 것'을 뜻한다.

마음을 다하여 하나님을 신뢰하는 것은 우리의 '명철' 곧 이해하고 가늠하고 해결하고 밝혀낼 수 있는 능력을 의지하기보다, 완전한 굴복 곧 항상 모든 것을 내어놓겠다는 생사를 건 결정이다. 이성理性이 우리를 배신할 때, 우리가 하나님과 믿음의 신비를 이해하지 못할 때, 하나님이 성실하시지도 않고 신뢰할 만하지도 않은 듯 보일 때, 하나님이 무슨 일로 바쁘신지 알 수 없을 때에도 신뢰는 그대로 남아 있다.

명철의 수준이 신뢰의 수준을 결정하지는 않는다. 오히려 신뢰보다 명철을 구하는 것이 하나님과의 동행에 방해가 될 수 있다.

아담과 하와에게 물어 보라. 금지된 지식의 나무에서 열매를 따 먹으라는 뱀의 유혹을 받았을 때,창 3장 하와가 한 발짝 물러나 이 거래에서 누가 신뢰를 받을 만한지 즉 자신의 창조주인지 교활한 뱀인지 자문해 보았다면 인류에게 좋은 일이 있었을 수도 있다. 그러나 하와는 지식과 명철에 손을 뻗었고, 그 결과 하나님과의 관계는 심각한 파탄에 이르렀다. 명철은 얻었으나(자신들이 벌거벗었다는 것을 알게 되었다) 대가는 엄청났다.

아담과 하와 이야기는 신뢰보다 지식이 뛰어날 때 어떤 일이 벌어지는지를 잘 보여 준다.

하나님을 신뢰하는 것은 위기 상황에서만이 아니라 '범사에' 필요하다. 스스로 문제를 해결할 수 있다고 생각할 때, 우리의 신학과 경험이 일치하여 세상을 다 얻은 기분이 들 때, (전도자나 욥, 시편 기자와는 달리) 하나님과 우리 세상의 이치가 딱 맞아떨어질 때에도 말이다. 그때에도, 아니 그때야말로 정말 우리는 우리가 실제 만사를 이해할 수 있고, 우리가 가진 그 어떤 명철에든 '의지할' 수 있다는 생각에 빠져들어서는 안 된다.

'의지하다'라는 히브리어는 '기대다' 혹은 '스스로 떠받치다'라는 의미가 있다. 훌륭한 개념이다. 우리는 소파에 기대어 스포츠 채널을 볼 때 쿠션이 제자리에 있는지, 그 쿠션들이 내가 소파에서 바닥으로 떨어지는 것을 막아 줄지 아닐지를 크게 괘념치 않는다. 나무나 벽에 기대고 있을 때에는 그 떡갈나무나 석고판이 제 기능을 다하지 못해 무너질 수도 있다는 생각 따위는 하지 않는다.

나는 의자에 기대 앉아 이 글을 입력하면서도 그런 생각은 전혀 해 보지 않았다. 당신도 지금 분명 무언가에 기대어 앉아 있을 것이다. 실제로 우리는 이런 물체들을 일말의 염려 없이 신뢰하고 있다.

오로지 하나님만이, 전적으로 기댈 수 있고 신뢰할 수 있는 가치가 있는 분이다. 우리의 명철은 그럴 가치가 없다. 인간의 명철은 하릴없이 오가며, 넓고도 깊은 진정한 실재를 결코 이해하지 못한다.

다시 말하지만, 하나님을 의지하는 것은 시험 당할 때만 필요한 것이 아니다. 삶의 매순간을 위한 것이다. 그러나 우리는 매순간 하나님과 그분의 방법에 대하여 깊이 생각하지 않으려 한다. 영적 성숙이란 우리가 매순간 하나님을 신뢰할지, 우리 자신을 신뢰할지 선택할 책임을 인식하고, 그분을 의식하는 존재로 사는 것이다.

결국 우리에게 영향을 미치는 것은 사소한 것들이다. 그렇지 않은가? 처음 결혼했을 때 나는 신학교에 다니다가 대학원에 진학한 상태라 돈이 없었다. 어쩌다 여윳돈 20달러가 생기면 피자를 샀다. 우리 가계 규모가 그랬다. 장학금이나 부모님과 친구들의 도움이 없었다면 어떻게 버텨냈을지 모르겠다. 지금 뒤돌아보면, 어떻게 우리가 길가에 종이상자를 깔고 사는 신세가 되지 않았는지 신기할 정도이다.

그래도 우리는 행복했고 기본적으로 걱정거리가 없었다. 그런 상황은 내가 박사 학위를 받고 처음으로 교편을 잡으면서 조금씩 달라지기 시작했다. 시간이 흐르면서(3년에서 5년 사이에) 돈에 대한 태도가 변했다. 대학원을 마치자마자 우리는 집을 샀고, 세 아이는 음악 교습과 축구를 시작했으며, 나는 집을 수리하고, 생명보험을 들고, 부동산 세금을 냈다.

언젠가 거실에 서 있다가, 지난 몇 년간 내가 얼마나 많이 달라졌는지 새삼스레 깨달았던 일이 떠오른다. 큰일은 없었다. 삶은 그저 조금씩 살며시 다가왔다. 만사가 비교적 순탄하게 흘러가

자 나는 바보같이 이런 생각을 하게 되었다. '우주의 창조주 하나님, 감사합니다. 지금부터는 제가 맡을게요.' 결코 의식적이지는 않았지만, 표면 아래 깊은 곳에서 나는 무슨 일이 벌어지고 있는지 깨닫지 못했다. 돌이켜 보면, 나는 신앙 중에서도 '주님, 나를 구원하소서'라는 면에는 탁월했지만, '범사에'라는 면에서는 그렇지 못했다. 지금도 여전히 그 부분에서 노력 중이다.

그러므로 **"범사에 그를 인정하라."** 나는 히브리어를 직역한 "너는 범사에 그를 **알라**"라는 표현을 더 좋아한다. '인정'이라는 단어는, 방 맞은편에 있는 누군가에게 고갯짓을 하거나 이 달의 사원에게 상패를 전달할 때나 사용하는 맥없는 단어다. 그러나 우리는 친밀하게, 자신의 온 존재로, 매순간 모든 경로로 하나님을 '알아야' 한다.

내가 이 말들을 타이핑할 때는 너무나 경건하고 아름답게만 들리지만, 실제로는 얼마나 무시무시한 개념인지 모른다. 자기 생각에 의존하지 말고, 하나님을 신뢰하며 완전히 굴복하지 않고는 움직이지 말라. 어쨌든 잠언은 '너는 마음을 다하여 여호와를 믿으라'고 하지 않고 '신뢰하라'고 말한다.

신뢰란 자유재량이 없는 '올인'이요, 만만치 않은 단어이다.

예수님이 말씀하신 신뢰

이제 예수님이 등장하신다. 그분은 하나님을 '믿는다'는 의미에 대해 우리가 갖고 있을지 모르는 왜곡된 생각을 뒤집어엎는 매우 유명한 이야기를 들려주신다.

예수님은 산상수훈을 통해, 얼마나 많이 가지고 있는지, 무엇을 입을지, 무엇을 먹을지에 대해 두려워하지도, 초조해하지도 말라고 말씀하신다. 그것은 "믿음이 작은" 자들이 하는 행동이다. 우리는 하나님의 뜻과 조화를 이루면서 나머지는 하나님께 맡기는 삶을 추구하는 데 초점을 맞추어야 한다.마 6:25-34

나는 이 이야기에 일종의 애증을 느끼는데, 이 이야기가 통쾌하면서도 내가 하고 싶지 않은 일, 그나마도 시도했을 때 잘하지 못하는 일을 하라고 말하기 때문이다. 이민자인 부모님께로부터 내가 물려받은, 마음에 드는 유전적·환경적 특성은 불안해하는 성향, 모든 종류의 가능한 미래에 대한 집착이다. 예수님이 초조해하지 말라고 말씀하신 것들에 초조함을 느끼는 것이 내가 가장 잘하는 일이다.* 나는 대학원 수준의 강의를 해야 하고, 언젠

142

가는 하게 될 것이다. 이것이 나의 안전한 영역이고 홈 구장이다. 그러나 예수님은 무슨 일이 일어날까 염려하지 말고 그 대신 현재와 내일 일을 하나님께 맡기라고 말씀하신다.

"알겠습니다. 좋아요. 계속 말씀하시죠."

솔직히 말해, 예수님이 자신의 요점을 설명하기 위해 말씀하신 들의 백합화와 공중의 새는 터무니없이 논지를 벗어난 예이다. "보아라, 하나님이 돌보시니 저들이 잘 지내지 않느냐. 그런데 너희는 무엇을 그리 걱정하는 것이냐?"

"정말이십니까, 예수님? 질문 좀 드려도 될까요?"

(내가 손을 들자 예수님이 나를 보고 고개를 끄덕이신다.)

나: 예수님, 당연한 말씀이지만 애써 주셔서 감사합니다. 그리고 여기 있는 모든 분을 대신해서 제가 말씀드리는 것 같은데요, 백합화에게는 뇌가 없고 새들은 창문으로 날아드는 작고 겁이 많은 생물입니다. 반면에 저는 인간이죠. 집과 가족은 물론이고 뇌도 있습니다. 자식들을 좋은 대학에 보내는 문제는 둘째치고, 녀석들을 마약이나 나쁜 놈들에게서 지키면서 빡빡한 형편에 공과금도 내야 한다고요. 그래도 제 장기를 과학 실험용으로 팔거나 창고로 이사하지 않고 어떻게든 그 돈을 지불합니다. 그러니 저와 제 문제들을 식물이나 새들에

---

* 마크 트웨인의 명언이 떠오른다. "나는 오랜 세월 살면서 수많은 걱정을 했지만, 그중 대부분은 실제로 일어나지 않았다."

빗대어 그것들이 제 역할 모델인 양 말씀하시는 것을 듣고 제가 썩소를 짓더라도 용서하세요. 예수님, 새는 새이고, 식물은 식물일 뿐입니다. 새와 식물은 당연히 걱정이란 것을 할 수 있는 사고 능력이 없습니다. 걱정이 없는 게 당연하죠! 걱정을 할 수 없는 존재들이라고요.

예수님: 네 말이 정말로 옳구나. 그래, 식물과 새들은 아예 걱정할 능력이란 게 없지.

나: 으윽, 바리새인들에게 그러셨던 것처럼, 아니면 여호와가 욥에게 하셨던 것처럼 제 질문에는 정말로 답하지 않고 얼렁뚱땅 넘어가시려는 건가요? 그런 건 이제 질렸고 저는 농담할 기분이 아니거든요.

예수님: 들의 백합화와 공중의 새들을 생각해 보기 바란다. 네 말처럼 그것들은 당연히 걱정이란 걸 할 줄 모르니까.

나: ?…?…?

예수님: 네가 하나님 아버지를 진정으로 신뢰한다면, 너도 당연히 걱정할 능력이 사라지게 될 거란다.

나: 어…흠….

예수님: 지각이 없는 식물과 바보 같은 새들에게 걱정이란 것이 불가능하듯 네게도 마찬가지이다. 네가 신뢰할 때, 네 인생을 내려놓고 전심으로 하나님을 의지할 때, 걱정이란 단어는 네 사전에서 사라질 것이다. 식물과 새들처럼 너는 이 세상의 걱정거리들을 잊게 될 것이다. 그러면 자유로워질 거야. 걱정이 없는 자유 말이다. 알겠니?

나: 그럼… "걱정하지 말라"는 말은 단순히 귀여운 동물 그림이 그려진 성경 말씀 포스터의 문구가 아니란 말씀이세요? 정말 그런 뜻인

겁니까?

예수님: 성경 말씀 포스터가 뭔지는 모르겠다만, 내 대답은 "예스"
란다.

어쩌면 우리는 신앙에 대하여 이야기할 때 다양한 단어를 사
용하는 훈련을 받아야 할지도 모르겠다. '하나님을 믿는다'는 것
은 예수님이 여기서 말씀하시는 그 수준으로 우리를 데려가지
않는다. 믿음은 걱정의 여지를 남긴다. 신뢰는 그것을 파괴한다.

설교를 하려는 의도는 아니다. 나도 그런 종류의 신뢰와는 거
리가 멀다. 나 자신을 하나님께 맡기는 것은 고사하고, 아이들에
게 비상용 자동차 열쇠를 믿고 맡기는 것도 어렵다. 결국 지금 여
기서 우리가 이야기하는 것은 바로 내 인생이다. 그러니까 그냥
내가 하나님에 **대하여** 믿는 내용을 책으로 쓰면 안 될까? 나는
지금 그 일을 하고 있고, 이 일이 너무나 즐겁다. 나는 이십 대와
삼십 대의 대부분을 학교에서 책을 쓰며 보냈다. 아니면, 그냥 교
회에 가서 교리를 암송하고 내가 믿는 것에 대하여 이야기하면
안 되는 것일까⋯ 왜냐하면 결국⋯.

예수님: 방해해서 미안하다만, 그래선 안 된다, 피터. 넌 그래선 안 된
다고. 그렇게는 안 될 거야. 너는 위험을 무릅쓰고, 내려놓고, 신뢰해
야 한다. 이렇게 하는 편이 너에게 훨씬 더 좋을 테니 나를 믿으렴. 나
는 네가 마음속으로 이런저런 생각을 하고 그 생각을 이해할 수 있는

안전한 곳에 너를 그냥 두지 않을 거란다. 분명히 말하지만, 조만간 네 모든 생각과 말이 (네 가족과 학생들뿐만 아니라) 너를 비참하게 만들 거야. 넌 좀 더 힘든 길을 선택해야 해. 나를 충분히 신뢰할 수 있을 만큼 믿지 않고서는 벗어날 수 없는 완전한 신뢰의 길 말이다. 맞아, 이건 역설이지. 네가 무슨 생각을 하게 되든지, 그 순간 네가 무엇을 믿는다고 말하든지 간에, 너는 굴복해야 해.

희한한 생존법이군. 이건 마치 위험 부담이 큰 트러스트폴trust fall(뒤에서 받쳐 주는 사람을 믿고 뒤로 쓰러지는 공동체 훈련―옮긴이) 같다. 사람들이 이것을 '빌리프폴belief fall'이라 부르지 않는 이유가 있다. 우리는 상대방이 우리를 붙잡아 줄 것을 '믿을지 말지' 고심하지 말고 뒤로 쓰러져야 한다. 바닥에 떨어져 머리가 깨지지 않을 것을 충분히 확신한다 하더라도, 여전히 그럴 가능성을 감수하면서, 갑작스레 솟구치는 두려움이 우리를 엄습하는 것을 느끼면서 그 과정을 거치는 건 마찬가지이다.

그러나 더 어려운 것은 예수님과의 트러스트폴이다. 이것은 영업 회의에서 어색함을 없애기 위해 하는 게임이 아니며, 예수님이 우리 뒤에 서 계실 것이라고 항상 확신하지도 못한다. 사실 시편 기자들과 전도자와 욥처럼, 어떤 사람들은 수차례나 하나님이 우리를 땅바닥에 넘어지도록 그냥 내버려 두셨다고 느낄 수도 있다. 나는 알 것 같다. 그리고 어쩌면 그것은 시편 기자들이 밤잠을 이루지 못한다고 고백하는 이유일지도 모른다.

내가 탄식함으로 피곤하여

밤마다 눈물로 내 침상을 띄우며

내 요를 적시나이다. 시 6:6

하나님을 신뢰하는 것은 단순히 힘들기만 한 일이 아니다. 아기를 돌보느라 밤을 새다시피 하고 아침 6시에 일어나 출근하는 것은 힘들다. 2교대 근무는 힘들다. 대학에 진학하는 첫아이를 떠나보내는 것은 힘들다. 그러나 하나님을 신뢰하는 것은 두툼한 방수포로 우리 자아를 덮는 전적 굴복이다. 하나님을 신뢰하는 것은 죽음이다. 우리가 다시 한 번 하나님이 나타나시기를 기다리고 있는데도 나타나지 않으실 때, 하나님을 신뢰하는 것은 너무나 고통스럽다.

우리가 살펴보았듯이 일부 성경 기자들은 하나님을 신뢰할 수 없다고 솔직히 고백했다. 그들은 심지어 그 순간에 하나님을 신뢰하고 싶지 **않았을** 수도 있다. 그럼에도 그들은 계속 하나님과 대화했다. 놓아 버릴 수가 없는 것이다. 그들은 여전히 하나님을 신뢰하기 **원한다**.

어떤 때는 그것이 우리가 할 수 있는 최선이기도 하다. 그리고 우리는 걱정할 필요도 없다. 토머스 머튼의 유명한 기도문은 이렇게 표현한다.[3]

주, 나의 하나님, 제가 지금 어디로 가고 있는 것인지 알 수가 없습니다. 제 앞에 놓인 길은 보이지 않습니다. 그 길이 어디서 끝날지 저는 알지 못합니다. 사실 저는 저 자신조차 알지 못합니다. 당신의 뜻을 따르고 있다고 생각한다고 해서 실제로 하나님의 뜻대로 행하고 있는 것은 아닐 것입니다. 그러나 한 가지 확신하건대 당신을 기쁘게 하고자 하는 마음이 당신을 기쁘게 한다는 사실입니다. 제가 행하는 모든 일 가운데 그런 마음을 갖게 되길 원합니다. 당신을 기쁘게 하고자 하는 마음이 아니라면 그 어떤 것도 하지 않기를 원합니다. 제가 당신을 기쁘게 하고자 한다면 당신은 저를 옳은 길로 인도하실 것입니다. 제가 그 길에 대해 전혀 알지 못한다 할지라도 말입니다. 그러므로 때로 죽음의 그림자 가운데 길을 잃은 듯 보일지라도 저는 당신을 항상 신뢰할 것입니다. 당신께서는 제가 인생의 위험을 홀로 맞닥뜨리도록 놔두지 않으시고 항상 저와 함께하실 것이기에 저는 두려워하지 않을 것입니다.

신뢰는 약한 자들을 위한 것이 아니다. 그것은 고통스러운 선택이다. 특히 하나님이 당신을 실망시켰다고 느낄 때 그렇다. 그러나 이것은 신앙의 삶에서 **유일한** 선택이다. 다른 방법은 없다. 신뢰는 완전한 굴복과 용기를 동시에 필요로 한다. 또 다른 역설이 아닐 수 없다.

우리에게는 절대로 단 하나의 선택만 허용되지는 않는다. 신뢰를 좀 더 안전한 믿음으로 대체하는 선택 말이다. 그렇게 되면 우리는 머릿속에서 하나님을 통제하고 요리조리 재 보게 된다.

참된 신앙이라는 개념은, **그런** 종류의 믿음 곧 우리가 믿는 것에 대한 확실성을 고수하는 믿음은, 뜨겁게 달아 오른 냄비 위 얼음 조각처럼 녹아내린다는 것을 분명히 하고자 설계된 것 같다.

내가 만약 기독교계의 왕이 된다면, 교회 예배 시간을 45분으로, 설교는 10분으로 제한하고, '나눔 시간'도 완전히 금지한 다음, 성경에서 '믿음'이라는 단어를 삭제하고 **신뢰**로 대체한다는 법령을 왕국 전체에 선포할 것이다. 우리가 그것에 익숙해질 때까지 한시적으로라도 말이다.

내용은 그 나름의 가치가 있다. 그러나 '**누구**'가 중심이 아니라면, 그 '누구'가 인격이 아니라면, 그 **내용**은 우리에게 아무 쓸모가 없다. 적어도 우리 삶이 팍팍할 때는 말이다. 나는 하나님이 '**누구**'에 더 많은 흥미를 느끼신다고 믿는다. 그것은 말로만 하는 것이 아니라 실제 행동으로 보여 주는 것을 뜻한다.

더 좋은 표현을 고르자면, 더 이상 할 말이 없을 때 실제 행동으로 보여 준다는 의미이다. **그것**이 신뢰이다.

하지만, 하지만… 이건요?

믿음과 **신앙을 갖는 것**에 중점을 두는 듯한 성경 말씀들을, 당신이 무엇을 믿는지 아는 것의 내용어(명사, 동사, 형용사, 부사처럼 사물의 이름, 행동, 특성을 나타내는 말—옮긴이)라고 생각하는 사람들도 있는 것 같다. 이들은 그런 성경 말씀을 보며 당황할지도 모른다.

예를 들면, 야고보는 지혜가 부족한 사람들은 그것을 구하기만 하면 된다고 기록한다.

오직 믿음으로 구하고 **조금도 의심하지 말라**. 의심하는 자는 마치 바람에 밀려 요동하는 바다 물결 같으니 이런 사람은 무엇이든지 주께 얻기를 생각하지 말라. **두 마음을 품어** 모든 일에 **정함이 없는** 자로다. 약 1:6-8, 저자 강조

믿음은 지성과 관계된 단어처럼 보인다. 왜냐하면 믿음은 '조금도 의심하지 않는다'는 뜻이기 때문이다. 의심하는 자는 아무

것도 하나님께 얻지 못한다. 그래서 나는 우리가 믿는 것에 대하여 추호의 의심도 없이 확신하는 편이 더 낫다고 생각했다.

하지만 그렇지 않다. 우선 첫째로, 믿음이 조금도 의심하지 않는 것이라면 일부 시편 기자들과 전도자, 욥은 큰 곤란에 빠지게 된다. 이들은 야고보가 여기서 말하는 행동을 하지 않았기 때문이다. 그렇다고 해서 우리가 "두 마음을 품어 모든 일에 정함이 없는 자"라며 그들의 목소리를 지워 버리려 하지는 않을 것이다!

성경은 다양한 상황에 대하여 이야기하는 다양한 목소리를 담은 책으로, 그때그때 상황에 따라 필요한 말씀을 들려준다.[4] 한 구절이 다른 구절을 상쇄할 수 없다.

이 단락 앞에 나오는 말씀들도 살펴볼 필요가 있다. 야고보는 개인적 시련—필시 그리스도를 믿는 신앙으로 인한 적개심과 물리적 위협—을 겪고 있는 사람들에게 이 글을 쓴 것이었다. 신앙의 삶을 살면서 우리는 "하나님을 신뢰하기 힘든 그때 하나님은 너를 버리지 않으실 것이다"라는 말씀이 필요한 때가 있다. 그런가 하면, 우리 대부분이 상상하지도 못할(적어도 나는 그렇다) 위협이 한창일 때는 이런 말씀이 필요하기도 하다. "지금 이 순간은 하나님을 신뢰하려는 당신의 고투를 곱씹을 때가 **아니라** 온전히 하나님을 신뢰해야 할 때이다." 박해는 우리의 선택을 단순화하는 것 같다.

그럼에도, 나는 참된 믿음이란—자신을 위해서뿐만 아니라, 훌륭한 논객이 되어 논쟁에서 이기고 신앙을 지키기 위한 무장을 갖추고 기독교만이 진정 유일한 종교임을 사람들에게 납득시키기 위해서—기독교 진리를 강철처럼 단단하게 확신하는 것이라는 말을 자주 듣는다.

> 너희 마음에 그리스도를 주로 삼아 거룩하게 하고 너희 속에 있는 소망에 관한 이유를 묻는 자에게는 대답할 것을 항상 준비하되 온유와 두려움으로 하고. 벧전 3:15

그러나 여기에서도 주변 문맥을 눈여겨볼 필요가 있다. 베드로전서도 야고보서처럼 종교적 박해기에 쓰였다. 이 말씀은 박해 받는 독자들에게, 하나님의 존재를 지적으로 확신하고 자신들이 어떻게 옳은지를 무신론자와 이교도들에게 잘 전달해야 한다고 말하는 것이 아니다. 베드로는 박해에도 불구하고 독자들이 **자신의 삶을 의탁한** 하나님을 증거할 준비가 언제든 되어 있기를 바란다.

그렇다고 개인 교습을 받아 올바른 정보를 습득하라고 권하는 것은 아니다. 사형 집행관이 도끼날을 세울 때, 두려움에 사로잡히지 말고 하나님을 신뢰하며 그 사실을 인정할 수 있게 되라고 독자들을 격려하는 것이다.

그렇다. 항상 준비되어 있으라. 평소에 신뢰를 키워 두면 그것이 필요한 순간에 강해져 있을 것이다.

내가 아는 불치병 환자들 중에는 자신도 알지 못한 채 이 순간을 평생 준비해 왔다고 말하는 이들이 있다. 그들은 통제를 포기하고 하나님을 신뢰해야 했던 온갖 종류의 상황과 삶의 계절을 겪었다. 그리고 이제, 누구에게도 예외가 없는, 모든 것을 내려놓아야 할 순간을 마주했고 이들의 훈련은 성과를 내기 시작한다. 하나님을 신뢰하는 것이 습관이 되었고, 필요한 때에 준비가 된 이들은 이미 강한 사람들이다. 그들은 주변 사람들에게 자신이 가진 '희망의 이야기'를 들려줄 준비가 되어 있다.

베드로는 논쟁에 필요한 충고를 주지 않는다. 그보다는 삶과 죽음 앞에서 하나님을 신뢰하는 것에 대하여 이야기한다.

믿음과 **신앙**에는 언제나 **내용**이 있다. 그러나 성경이 묘사하는 신앙은 (성부와 성자가 우리에게 성실하셨듯이) 다른 사람들에게 겸손히 성실함으로써 (우리 자신보다는) 하나님에 대한 신뢰와 성실함에 깊이 뿌리내린 신앙이다. 기본적으로는 그게 전부이다. 절대 쉬운 일은 아니지만 말이다.

이와 같은 성경의 도전을 받아들이는 신앙생활은 올바른 생각에 집착하는 것보다 훨씬 힘이 든다. 깊은 믿음일수록 자기를 부인하기 때문이다.

이것이 바로 우리 모두가 부르심 받은 신앙이며, 성경이 우리에게 그 본보기가 되어 주는 것은 다행한 일이다. 인생의 난관에 부딪힐 때 순간적으로 나타나는 신앙은, 하나님이 무슨 일을 하시는지 밝혀내서 그 상황을 통제하는 것이 아니라 그분을 신뢰하는 것이어야 한다.

아, 그렇다. 인생, 우리가 예상조차 하지 못할 때 아무런 예고 없이 이런 도전들을 우리 집 문 앞으로 배달할 준비를 하고 기다리는 인생.

인생의 난관은 올바른 생각과 그것을 수호하려는 집착에 의존하는 믿음을 조롱하고 파괴한다. 그런데 그것은 좋은 일이다. 인생의 난관은 잡동사니들을 치워 버리기 때문에 우리는 믿음이 신뢰를 요구한다는 사실을 더욱 선명하게 볼 수 있다.

나를 멀리하지 마옵소서. 환난이 가까우나 도울 자 없나이다. 시편 22:11

오, 나의 주여, 여호와께서 우리와 함께 계시면 어찌하여 이 모든 일이
우리에게 일어났나이까? 또 우리 조상들이 일찍이 우리에게 이르기를…. 사사기 6:13

6.

확신하던 것에 허를 찔렸을 때 — 그런데 그것이 썩 나쁘지 않은 이유

내 뜻대로 되지 않는 인생

인생은 내 뜻대로 되지 않는다. 그런 상황이 닥치면, 하나님과 세계, 그 안에서의 우리 위치에 대하여 잘 정리되어 있던 우리 생각은 아수라장이 된다. 저 깊은 곳에서 무언가가 달라지면서 조용한 목소리가 들려온다. '오, 이런. 이런 기분 정말 싫어. 어떻게 해야 이런 기분이 사라질까?'

이런 당황스러운 순간은 비행기에서 디즈니 영화를 볼 때, 텔레비전 채널을 돌리다가 뭔가 느낌이 오는 프로그램이 나왔을 때, 우리의 세계관에 도전하면서도 더더욱 이치에 들어맞는 소설을 읽을 때 찾아오기도 한다. 이런, 젠장. 그저 깨어 있어 살아 숨 쉬고 일하고 가족을 꾸리고 친구를 사귀고 새로운 사람들을 만나는 것만으로도, 사방에서 우리에게 달려드는 현장의 도전들을 맞닥뜨려야 하는 순간은 넘쳐난다.

그럴 때마다, 즉 우리의 익숙한 사고 유형을 벗어나는 무언가를 다루고, 순간적으로 판단을 내려야 하고, 어떻게 헤쳐 나갈지 결정해야 하는 매 순간마다, 특정 신앙에 근거한 질서 정연한 우리의 세계는 조금씩 뒤처지기 시작하고 결국 '확신'은 과거 시제가 된다.

나에게 인생이란 올바른 생각에 집착하는 믿음이라는 개념에 대한 일련의 도전처럼 느껴진다. 만사가 이치에 맞고 우리 마음의 내부 구조에 부합할 수 있어야 한다고 생각하는 추가적 압박이 없이도 인생은 충분히 힘들다. 그러나 우리가 결국 깨닫겠지만, '아는' 것들을 고수하라고 요구하는 믿음은 인류의 굴곡진 인생을 다루는 데 불충분하다. 한때 그랬듯이 이 모든 것을 견디어 보려 해도 이젠 지친다.

나는 앞으로 나아갈 수 있는 또 다른 길이 있다고 생각하는데, 그 길은 당황스러운 순간에 **귀를 기울이는 것**이다. 역설적이게도, 우리 일상을 위협하는 여러 도전은, 우리 신앙생활이 머릿속에 신앙의 내용을 잘 정리하는 능력이 아닌 다른 것에 중심을 두어야 함을 지속적으로 상기시켜 준다. 인생은 돌처럼 단단한 우리의 확신을 침식하는 거센 파도이다. 파도는 언제나 이긴다. 느리지만 확실하게, 결국에는 이긴다. 그러니 파도에 저항하기보다는 올라타는 것이 최선인지도 모른다.

"그리스도인으로 살아가는 데 가장 큰 장애물이 몇 가지 있다면 그것은 무엇입니까? 당신이 계속해서 맞닥뜨리는 걸림돌은 무엇입니까? 해결되지 않고, 당신으로 하여금 전적으로 믿음을 지켜야만 하는 이유가 무엇인지 의문을 품게 하는 문제는 어떤 것들입니까?"

2013년 여름, 내 블로그에서 실시한 설문 조사에서 던진 질문들이다.[1] 특별한 것은 없다. 나는 그저 몇 가지 질문을 하고 무슨 일이 벌어지는지 지켜보았다. 그 후 며칠 동안, 내가 감당할 수 없을 정도로 많은 구독자들(다수가 익명이었다)에게서 댓글과 이메일이 도착했다. 끝없는 눈물과 심각한 개인적 고통이 표현된 이들의 반응에는 굉장히 솔직한 대답이 담겨 있었다.

나는 통계 분석을 하지는 않았지만(그럴 시간도 없을뿐더러 방법도 모른다) 응답은 다섯 범주로 나누었다.

- 성경은 **하나님을 난폭하고**, 반응적이며, 복수심에 불타고, 피에 굶주리고, 부도덕하며, 야비하고, 옹졸한 존재로 묘사한다.
- 인생의 중대한 문제에 대하여 성경이 오늘날 우리에게 말해 줄 만한 것이 있다고 생각하기에는 **성경과 과학이 상충하는** 부분이 지나치게 많다.
- 세상의 불의와 가증스러운 고통에 맞닥뜨렸을 때 **하나님은 무관심하시거나** 무능력하신 것으로 보인다.
- 점점 좁아지고 있는 이 세상에서 **기독교가 하나님에 이르는 유일한 길**이라는 개념을 고수하는 것은 너무 힘든 일이다.
- **그리스도인이 무서울 정도로 서로 사이가 좋지 않은 것**을 보면 기독교의 타당성, 심지어는 하나님의 존재 여부에 대해서까지 의문을 갖게 한다.

이 다섯 범주는 정확하게 맞아떨어지는 것 같다. 최소한 내 경험과는 일치한다. 장담하건대, 우리 중 대부분의 사람들이 이에 공감할 것이다.

이 다섯 범주에는 한 가지 큰 공통점이 있다. "하나님에 대한 신앙을 더 이상 이해하기 어렵다"는 것이다. 당신이 믿는 것을 이해하고, 올바르게 생각하고, 아는 것, 이런 것들은 한때 그들의 믿음에 적용되었지만 더 이상은 아니다. 인생이 내 뜻대로 되지 않기 때문이다.

확고한 답변을 주고 의심을 해소해 주겠다고 약속하는 믿음은 인생의 도전과 비극을 견뎌 내지 못할 것이다. 깊은 신뢰만이 견뎌 낼 수 있다.

하나님이 무슨 일을 하셨다고요?

성경에서는, 악하고 불순종한 자들을 벌하는 수단으로 물리적 폭력과 죽음을 승인하거나 명령하시는 하나님의 모습이 종종 묘사된다. 최후의 수단이 아니라 하나님이 선호하시는 갈등 해결 수단으로 그려진다. 하나님은 잔인하고 무자비하며 반발하는, 우리가 두려워하여 거스를 수 없는 주권자로 보인다. 〈비밀의 숲 테라비시아〉에 나오는 레슬리의 하나님보다는 제시의 하나님에 더 가깝다.

블로그 구독자들은 다른 무엇보다도 이런 당혹스러운 요소를 자주 언급했다. "성경을 매일 읽고 그 내용을 하나님의 말씀으로 받아들여야 한다는 말을 항상 들었습니다. 그렇게 했고요. 그런데 지금에 와서 보니 그러지 말걸 그랬다 싶네요."

어째서 하나님의 말씀이 하나님을 믿는 것을 이다지도 어렵게 만드는가? 성경 전체를 통독하면서, 이디 아민(1971-1979년까지 우간다를 지배한 군사 독재자─편집자)이나 마오 주석을 떠오르게 하는 하나님을 발견하기 전에 내 신앙이 훨씬 더 좋았던 이유는 무엇인가? 이런 질문들을 던져서 성경을 '훼손'하거나 '공격'하는 것을 멈추려는 그리스도인 동료들과 지도자들로부터의 압박은 문제를 해소하기는커녕 악화시킬 뿐이다.

내 블로그 구독자들은 대홍수와 노아의 방주^{창 6-9장}를 언급했다. 구약은 총 923장인데, 여섯째 장(기억해 두라, **여섯째** 장이다)에 이르면 창조세계에 대한 하나님의 인내심이 바닥을 드러낸다. 그분은 선택받은 노아 가족과 각종 동물 한 쌍씩을 제외한 모든 피조물을 수장하는 것보다 더 나은 해결책을 생각하지 못하시는 것 같다.

노아의 방주는 아이들을 위한 이야기가 아니다. 우리 아이들이 어렸을 때 침실 문에 걸어 놓았던 나무 조각 장식에는, 산타처럼 생긴 노아가 만화풍 동물들이 방주로 어슬렁거리며 올라가는 것을 만족스런 표정으로 지켜보는 장면이 새겨져 있었다. 장식품 하단에는 이런 설명이 붙어 있었다. "하나님의 약속은 반드시 이루어진다."

그럴 수도 있지만, 그 설명이 이 이야기의 요지를 제대로 포착한 것인지는 잘 모르겠다. 이런 설명은 어떤가? "하나님은 인간을 창조하신 것이 너무나 화가 나고 한탄스러워 극소수 인구를 제외한 모든 인간(과 동물)을 수장하신다." 지금 그 장식품이 어디에 있는지 잘 모르겠다. 우리 집 벽에는 걸려 있지 않다.

하나님의 난폭 행동 목록 상위에는, 이스라엘 민족에게 가나안에 들어가 남녀노소를 불문하고 거주민의 마지막 한 사람까지 몰살하고 그 땅을 차지하라는 명령이 올라 있다.[2] 신 20:10-18 여호수아는 한 전투에서 적군의 다섯 왕을 붙잡아 처형하고 시체를 저녁까지 나무에 달린 채로 둔다. 수 10:26 또 다른 장면에서는 이스라엘 군대가 미디안 근방의 모든 사람을 죽이면서 (소녀를 포함한) 처녀들은 남겨 두어 다른 전리품과 함께 자기들끼리 나누었다. 민 31장

신약도 그런 비난에서 자유롭지 않다. 성경의 마지막 책 요한계시록을 보면 "인자와 같은 이"(분명 예수님이다)가 구름 위에서 손에 낫을 들고 덩굴에 달린 포도송이를 잘라 내려 하고 있다. 계 14:14-16 잘린 포도송이들은 "하나님의 진노의 큰 포도주 틀"—하나님의 적들(여기서는 로마제국)을 향한 천벌에 대한 은유—에 던져져서 "틀에서 피가 나서 말 굴레에까지 닿았고 천육백 스다디온에 퍼졌더라." 계 14:17-20

이 모든 내용(과 그 이상)은 전적으로 타당한 한 가지 질문을 제기한다. 성경에 나오는 이런 일들이, 20세기의 특징이면서 여전히 주기적으로 뉴스에서 볼 수 있는, 그리고 그리스도인들이 비난하기에 바쁜 종교적·이념적 동기로 자행하는 다양한 형태의 대량 학살이나 약탈과 무엇이 다른가? 지난날 기독교의 하나님이 잔인한 종족 전쟁을 명령하셨는데, 오늘날 그리스도인들이 잔인한 종족 전쟁을 어떻게 비난할 수 있는가? 우리는 여기서 어떤 하나님을 다루고 있는 것인가?

핵심 메시지가 무엇인지 헷갈린다. '하나님은 화가 나면 많은

사람을 죽이신다'는 것이 핵심 메시지인가? 그렇다면 성경의 고대 세계를 통해 우리가 알고 있는 다른 고대 부족 지배자들이나 신들과 다를 바가 없다.

유대교와 기독교의 사상가들은 성경에 나오는 이 골치 아픈 경향을 어떻게 설명해야 할지 고민했다. 그중에는 좀 나은 시도도 있다. 그러나 내가 단순히 지적하고 싶은 바는 이것이다. 우리가 성경에 던질 수 있는 가장 기본 질문이라고 할 만한 '하나님은 어떤 분이신가?'는 우리가 시간을 들여 성경을 읽기 시작할 때 심각한 도전이 될 수 있다. 대형 사냥개에서 벼룩이 튀어나오듯 성경책 페이지마다 당황스러운 순간들이 쏟아져 나온다. 우리는 기독교에 호감을 느끼지 않는 친구들(이나 우리 자신)에게 이 하나님을 설명하느라 곤혹을 겪는다.

하나님에 대한 믿음이 이렇게 어려운 것이어야만 하는가? 이런 성경을 읽으며 우리는 하나님을 어떻게 생각해야 하는가?

당신이 믿는 내용을 확신하고 성경이 그 정보를 제공해 주기를 기대하는 것은 영적 안전망처럼 느껴진다. 많은 사람들이, 그리스도인들에게는 이런 사고방식이 일반적이고 타협 불가능하다고 믿는다. 그러나 성경이 확신의 원천이 아니라 다툼과 의심의 원천, 곧 당신이 지금껏 그토록 확신하던 것들을 의심하게 만드는 원인이 되었을 때 무슨 일이 벌어지게 될까?

나는 무신론자가 되려는 사람에게 가장 좋은 책이 성경이라는 말을 여러 번 들었다. 약간 과장된 표현인 것 같지만, 성경 자체가 하나님을 폭력적이고 보복적으로 묘사함으로써 문제를 명확하게 하기보다는 하나님이 어떤 분이시라는 우리 생각에 큰 도전을 제기하기도 한다.

광활한 우주의 창백한 푸른 점 하나

이 세상과 우주의 기원, 사물들이 본연의 모습을 갖게 된 원인을 설명하는 데 있어서 성경과 과학이 의견을 달리한다는 것은 비밀도 아니다.

진화생물학, 유전학, 천체물리학, 지질학 등은 우리를 둘러싼 우주의 많은 부분을 통계와 실험, 관찰로 설명한다(그중 일부는 2장에서 훑어보았다). 이러한 설명들은 설득력이 있고 해당 전문가들 사이에서 일반적으로 받아들여진다(가끔 소수파가 일부 세부사항에 이의를 제기하기는 한다). 하지만 그 내용이 성경과 각을 세우지는 않는다.

성경은 우리에게 전혀 다른 우주를 보여 주는데, 그 일부가 성경 첫 책의 첫 장인 창세기 1장에 나와 있다. 우리는 거기서 수천 년밖에 안 된 평평한 원반 모양 지구가 그 주변을 움직이는 천체들과 함께 우주 속에 멈추어 있는 것을 볼 수 있다. 일종의 단단한 반구가 한쪽 지평선에서 반대쪽으로 아치 모양을 그리고, 그 위에 있는 '깊음'의 물 곧 지구를 사람이 살 수 없는 곳으로 만드는 혼돈의 위협을 대표하는 물을 제어한다. 하나님이 순종하는 자들에게는 상으로, 불순종하는 자들에게는 벌로 사용하시기도 하는 비와 우박, 천둥은 하늘의 보고에 있다.렘 10:13; 신 28:12, 22 동물과 광물, 채소를 포함하여 우리가 주변에서 보는 모든 것은 하나님이 그 모습 그대로 창조하셨다.

내가 아는 대부분의 그리스도인들은 이런 것들 때문에 잠 못 이루지는 않는다. 그러나 그들도 더 심오한 문제, 생각하면 생각할수록 더 시끄러워지는 불편한 잔소리를 발견한다. 측량 불가능한 우주의 거대한 크기는 내게도 큰 문제였다.[3] 이전에 이에 대해 언급한 적이 있지만, 이 문제가 충분히 해결되지 않은 만큼 다시 한 번 이야기하고 싶다.

우리의 우주, 정확히 말해 '알려진 우주'는 138억 년쯤 되었고 폭은 5,460해(546에 0을 21개 붙인 수) 마일에, 광속(초속 약 30만 킬로미터)으로 여행하면 한쪽 끝에서 반대쪽까지 가는 데 930억 년이 걸린다. 이 우주에는 수백만 광년씩 떨어져 있는 별 수십억 개로 구성된 수십억 개 은하계가 있다. 여기에 덧붙여 우주의 85퍼센트는 암흑 물질이라 불리는 것으로 구성돼 있다. 우리는 측량할 수 없을 정도로 거대하고 경외심을 불러일으키는 우주에 살고 있다. 틀림없는 사실이다. 그러나 이 모든 생각은 마치 얼어붙은 듯 나를 꼼짝 못하게 만든다.

우주는 고대에 그랬듯이, 그저 저 위에 보이는 것이 아니다. 시편 19편 기자는 천국에서 하나님의 영광을 보고 창조주 하나님을 찬양한다. "천국! 그러니까… 우와. 저길 좀 봐! 하나님은 굉장한 분이셔!" 하나님 만세! 물질 세계가 눈으로 보는 것에만 국한되었던 고대 철기 시대 관점에서는 전부 훌륭하고 괜찮을 수 있다. 그러나 내 '천국'은 '저 위에' 있지 않다. '위에'라는 것은 없다. '천국'은 우리를 둘러싸고 계속 진행 중이다. 모든 면에서.

17세기 철학자 블레즈 파스칼은 이렇게 썼다.[4] "무한한 우주의 영원한 침묵은 나를 두렵게 만든다." 나도 그의 말에 동의한다. '천국'을 생각하면 그냥 주저앉아 그 모든 생각을 멈추고 싶어질 만큼 무감각하고 혼란스럽고 불안해진다. 이는 내 설문 조사의 일부 응답자들도 지적한 부분이다.

측량할 수 없을 정도로 넓고 오래된 이 우주에서, 외로운 은하계 외곽에 떠 있는 어느 태양계의 먼지 한 알 같은 지구는 과학이 발견해 낸 엄청난 규모에 비하면 아주 미미해 보인다. 칼 세이건의 표현대로 우리 고향 지구는 우리에게 소중한 "창백한 푸른 점"[5]이지만, 거대한 우주의 스케일에선 측량하기 힘들 정도로 무의미하다.

이 하나님은 어떤 하나님이신가? 이 하나님은 어디 **계신가**? '어디에'가 적절한 질문이기는 한 것인가? 하나님은 어떤 존재인가? 혹은 일부 신학자들의 표현을 따라 '하나님은 **존재 그 자체시다**'라고 말하는 편이 나은가? 이 표현에서부터 뭔가 잘될 것만 같은 생각이 꼬리에 꼬리를 물며 떠오르긴 하지만, 그렇다고 사람의 모습으로 나타나서 천국 보좌에 앉아 계신 성경의 하나님과 우리가 무엇을 할 수 있겠는가?

이 하나님은 정확히 누구 혹은 무엇인가? 설명하기 힘들 정도로 무한히 크시면서도 설명하기 힘들 정도로 무한히 작으신 하나님, 자기 백성에게 조개류나 돼지고기를 먹지 말라 하고 엄격한 일정을 지켜 번제를 올리라고 요구하시는, 종족 전쟁에 빠져 계신 듯한 성경의 하나님은 무슨 관계가 있는가?

우리가 하나님에 대하여 논하기 시작하면, 현대 세계와 고대 세계의 괴리는 실로 거대해진다.

그러나 내 설문 조사에 응한 많은 사람들에게 훨씬 더 도전적으로 다가온 과학 영역은 인류학과 심리학 분야였다. 이 둘은 인간의 특성에 대해 더 많이 이야기하는 분야라고 할 수 있다. 자, 이제 좀 더 인간적인 영역으로 들어가 보자.

인류는 창세기에 나오는 간단한 이야기보다 훨씬 더 장구하고 광범위하며 복잡한 인간다운 행동을 하며 살아왔다.[6] 우리에게는 4천 년 이상 된 동굴 벽화 형태의 고대 예술이 있다. 고고학자들은 터키의 괴베클리 테페에서 가장 오래된 것으로 알려진 사원을 발견했다. 그들이 누구였든, 1만 1천 년 전 그들은 성경의 천지창조보다 5천 년 앞서서 특정 신 혹은 신들을 숭배했다.

우리는 7천 년 전 씨름 경기를 묘사한 몽골의 동굴 벽화를 아는데, 성경의 첫 번째 장에 따르면 그때도 우주는 태고의 혼돈스럽고 거대한 '깊음'(대양) 속에 아직 갇혀 있었다. 수메르인들은 (오늘날의 이라크) 6천 년 전에 맥주를 제조했는데 그즈음에 성경은 하나님이 빛을 창조하셨다고 말한다. 스톤헨지는 5천 년 전에 만들어졌는데, 이는 이스라엘의 첫 조상 아브라함이 등장하기 1천 년 전 일이다.

성경 이야기의 하나님이 어떻게 이 모든 역사에 들어맞을 수 있을까? 이 질문은 오늘날의 그리스도인들에게 전대미문의 이의를 제기한다.

신경생물학자들은 최근 인간의 뇌 지도를 만들어 실험실에서 인간의 감정을 복제할 수 있게 되었다. 여기에는 하나님을 예배할 때 발생하는 감정도 포함된다. 그렇다면 우리는 '신경신학자들'이 표현한 대로, 몇 백만 년에 걸친 적응을 통해 진화된 화학물질과 신경물질 덩어리에 불과하단 말인가?[7] 인류는 예술과 추상적 사고 같은 특정한 적응 기능을 지닌 진화한 종일 뿐인가? 그러면 그리스도인들은 실수로 '하나님의 형상'이라 불렸던 것인가?

오늘날 의약계는 과거에 '죄'로 여겨졌을지도 모르는 특정 방식으로, 우리를 행동하고 생각하도록 만드는 두뇌의 선천적 혹은 후천적 화학 불균형을 밝히는 데 크게 성공했다. 나는 목회자와 교수를 포함하여 논란의 여지가 없이 완벽한 그리스도인들을 많이 알고 있는데, 그들은 기도나 성경 읽기, 성경에 기초한 상담(죄와 회개의 필요성을 강조하는) 같은 기독교적 방법보다 심리치료사와 항우울제의 도움을 더 많이 받고 있다.

내면의 상처를 치유하고 사람들이 의미 있는 삶을 살도록 돕는 일을 숙련된 상담, 소그룹 지원, 의약품 등으로 할 수 있다면, 우리의 특정한 행동 원인을 설명해 주는 죄라는 성경 언어는 어떻게 이해해야 하겠는가?

오늘날 많은 신자들이 맞닥뜨린 질문은, 인간성을 이해하는 고대의 성경적 방식이 근대적 논의에 추가로 기여할 만한 것이 얼마나 되느냐이다. 예수님이 정말로 변화를 일으키시는가, 아니면 심리치료와 처방약 비용을 보전해 주는 의료보험을 드는 편이 나은가? 문서로 기록된 치료 효과와 발전된 약리학이 넘쳐나는 현대 사회에서 이런 종류의 질문들이 등장한다.

오늘날 우리는 우주와 그 안에서의 우리 위치에 대하여 다르게 생각할 만한 충분한 이유가 있다. 이는 하나님을 부정하지는 않지만 우리의 사고에 도전한다. 고대 성경과 우리 인생을 통합하는 일은 믿음의 사람들에게 스트레스가 되고 맥 빠지는 일이다. 믿음과 올바른 생각을 분리할 수 없는 것으로 간주할 때 문제가 된다. "인간이 된다는 것은 어떤 의미인가?"라는 질문에는 과거처럼 명쾌한 성경적 해답이 없다.

떨어지는 나뭇가지

인생에서 맞닥뜨릴 수 있는 최악의 상황에 직면해 있을 때, 인생이 우리 눈앞에서 산산조각 날 때, 하나님은 어디에 계시는가? 내가 실시한 설문 조사의 일부 답변은, 무분별하고 마구잡이인데다 악랄하고 불공정하며 잔인한 고통과 죽음 이야기를 들려준다. 그 사건들은 우리가 늘 믿었던 공정하고 세심하며 사랑이 넘치는 하나님을 믿는 누군가를 믿음의 한계점까지 ─ 혹은 하나님의 존재 여부를 의심하는 지경까지 ─ 밀어붙였다.

필라델피아 근교에 살던 지난 수년 사이, 나는 무척 기괴하고 도저히 믿기 힘든 비극적 내용을 저녁 뉴스에서 두 번 정도 보았다. 그 뉴스를 보고 나는 하나님이 존재하지 않으시거나, 너무 오랜 시간 낮잠을 주무시거나, 그저 한눈을 팔고 계신 거라고 생각하게 될 정도였다.

한 여자가 인근 공원의 나무가 우거진 오솔길을 따라 조깅을 하고 있었는데, 위쪽에 있던 커다란 나뭇가지가 부러지면서 머리 위로 떨어졌다.[8] 아이팟으로 음악을 들으며 조깅을 하던 그녀는 즉사했다. 그보다 앞서 가거나 뒤에서 가던 사람들은 무사했다.

당신은 이 사연을 듣고 나만큼 놀라지 않을 수도 있지만, 하나님에 대한 지식으로 돈을 버는 작가이자 교수인 내게는 충격으로 다가왔다. 마치 휘핑크림을 소형 토치로 헤집는 것처럼 내 지식의 갑옷이 산산조각 나는 기분이었다.

이 여성이 조금만 일찍, 혹은 조금만 늦게 집을 나섰더라면. 조금만 느리게, 혹은 조금만 빠르게 뛰었더라면. 공원으로 가는 길이 조금만 막혔거나, 혹은 조금만 뚫렸더라면 어땠을까. 하지만 소용없다.

이런 뉴스를 듣고 나서 어떻게 마음을 추스를 수 있을까? 내 말은, 마치 만사가 세심하게 조율된 듯 타이밍의 문제였다는 것이다. "혼자 생각에 빠져 아무것도 모르는 여자 머리 위로 나뭇가지가 떨어진다. 셋…둘…하나…투하."

그 뒤로 몇 년 후에, 내게는 진부하고 잔인하고 어마어마한 악몽처럼 느껴지는 일이 또다시 벌어졌다. 내가 사는 곳에서 그리 멀지 않은 공원에서 어떤 젊은 어머니가 어린 두 아들과 산책을 하고 있었다. 이들이 나무 아래를 지나가던 바로 그 순간에 나뭇가지가 부러져 떨어졌고, 한 아이가 죽었다. 몇 발짝 뒤에 있던 어머니와 동생은 털끝 하나 다치지 않았다.

더 이상 자세한 내용은 기억이 나지 않는다. 나는 일부러 뇌 기능을 정지해서 그 사건이 미치는 영향을 애써 생각하지 않으려 했다. 예를 들면, 내 입에서 나오는 하나님에 대한 말씀은 터무니

없이 우스꽝스럽고 바보처럼 느껴졌다. "부러진 나뭇가지에 죽은 아이"를 검색하면 당혹스러울 정도로 많은 사건이 나온다.

도대체 하나님은 어떤 우주를 운영하고 계신 것인가?

고대인들이 자기들의 신을 진정시키려고 제물을 바친 것은 당연한 일이었다. 인간의 특징을 지닌 신들로 구성된 신들의 모임에는 부정적인 면이 있지만(인간과 성관계를 맺어서 늘 정신이 산만해지는 것처럼), 보험 약관이 말하는 '불가항력'을 처리하는 고유한 방법도 있다. 만약 강풍이 불어 사랑하는 사람에게 나뭇가지가 떨어졌다면, 당신은 신들이 인간들 삶을 가지고 둔다는 체스 게임 탓으로 돌릴 수 있다. 해결책이 있느냐고? 제물을 바치거나 절하거나 당신의 수호신에게 보호해 달라고 간청하라. 하지만 신들에 대한 믿음 자체는 그럴 듯해 보였다.

그러나 전지하고 인자가 넘치는 **유일하신** 하나님께 당신을 일단 맡기게 되면 "무의미하고 끔찍한 일들은 왜 일어나는가?"라는 질문에는 더 대답하기가 어렵다. 잠시 잠깐 인자와 배려가 넘치다가 이내 멀어지고 무정해지는 조현병 하나님, 이것이 유일신교도들의 딜레마이다.

나는 어떻게 이런 일이 가능한지 이해가 되지 않는다. 하나님이 이런 일들을 일으키시는 것인가, 아니면 그런 일들이 벌어지도록 내버려 두시는 것인가? 하나님은 너무 바쁘신가, 아니면 무관심하신가? 1초만 더 빠르거나 더 늦게도 아니고, 정확히 때를 맞추어 나뭇가지가 떨어지지 않게 하는 것은 분명 그분의 우선 순위가 아니었다.

성경은 별 도움이 되지 않는다. 왜냐하면 성경에는 이런 시편이 있기 때문이다.

내가 산을 향하여 눈을 들리라.

나의 도움이 어디서 올까?

나의 도움은 천지를 지으신

여호와에게서로다.

여호와께서 너를 실족하지 아니하게 하시며

너를 지키시는 이가 졸지 아니하시리로다.

이스라엘을 지키시는 이는 졸지도 아니하시고

주무시지도 아니하시리로다.

여호와는 너를 지키시는 이시라.

여호와께서 네 오른쪽에서 네 그늘이 되시나니

낮의 해가 너를 상하게 하지 아니하며

밤의 달도 너를 해치지 아니하리로다.

여호와께서 너를 지켜 모든 환난을 면하게 하시며

또 네 영혼을 지키시리로다.

여호와께서 너의 출입을

지금부터 영원까지 지키시리로다. 시 121편

걱정할 필요가 없다. 하나님은 졸지 아니하시기 때문이다. 하나님은 당신을 지키시고, 낮의 해나 밤의 달도 당신을 상하게 하지 않을 것이다. 듣기 좋은 말이긴 하나, 부러지는 나뭇가지에 대한 구절을 추가하면 어떨까? 피해자의 가족들에게 이 시편을 읽어 준다고 상상해 보라. 난 못 하겠다. 하나님이 하고 계신 일을 알려 주는 원천인 성경은, 어떤 사람들에게는 이미 신뢰를 잃었다.

나는 유가족들이 어떻게 그 고통을 감내하는지 말로 표현할 수 없다. 감히 그럴 권리도 없다. 하지만 그 사례들은 나로 하여금 하나님을 달리 생각하게 만들었다. 하나님의 일하심에 대하여 내가 안다고 생각했던 것들―그것을 뒷받침하는 성경 구절이 있다고 하더라도―은 순진한 바람, 근거 없는 가설처럼 보였다. 만약 하나님이 존재한다면 이 하나님은 내 기대에 부응하여 행동하는 하나님은 아니다.

어떤 신앙인들은 이런 일에도 동요하지 않는다. 하지만 자기 피부를 만지는 것보다 하나님의 부재라는 모순이 더 현실적으로 느껴지는 상황에 처한 사람들은, 이런 당황스러운 순간들을 겪으면서도 억지로 거룩한 미소를 짓고 이전에 하던 일을 계속하기가 힘들어진다.

우리 삶에 떨어지는 나뭇가지들은, 우리가 하나님에 대하여 안다고 생각했던 것의 핵심에 도전하는 질문들을 던진다. 그와 함께 우리의 통제를 벗어나는 어두운 곳을 향해 우리 마음 문을 억지로 열어젖힌다. 그리고 우리가 믿는다고 아는 것과 우리의 부조리한 현실이 어떻게 연결되는지 마음속 깊은 곳에서 질문한다. 그 문은 한 번 열리면 쉽사리 닫히지 않는다. 신앙생활은 절대로 이전과 같을 수 없다.

때때로 이런 당혹스러움을 하나님의 '신비'라고 한다. 그렇다, 정말로 미스터리이다. 하지만 이런 미스터리는 우리가 경험하기에 너무 고통스럽고, 심지어 무섭고 불편하다.

'미스터리'는 우리가 하나님을 변호할 때 드러나는 허점이 아니며, 그 해답은 분명히 커튼 뒤에서 안전하게 우리를 기다리고 있다. 나도 남들과 마찬가지로 분투하고 있다. 하지만 나에게 전진이란, 하나님과 이 세상에 대한 익숙한 사고방식을 어떻게든 그대로 유지해 줄 '해답을 찾는 것'이 아니다. 전진하는 길은, 우리가 갈망하는 답을 찾아야 한다는 필요를 내려놓고 신앙의 길을 **어쨌거나** 계속해서 가는 것이다(전도자가 말했듯이 말이다). 그런 종류의 신앙은 버팀목이 아니라 철저한 신뢰이다.

나는, 하나님이 인간의 고통으로 들어가서 죽으셨다는 기독교 신앙의 가장 핵심 내용(이자 신비!) 하나를 겸손하게 지적하고 싶다. 이외에 내가 덧붙일 말은 별로 없다. 그냥 이 정도로 해둘까 한다. 이야기를 더 했다가는 내가 설명하려는 것처럼 보일 것 같다.

나는 생지옥 같은 이러한 순간들을 살면서도 어쨌거나 신앙생활을 지속해 온 사람들을 보면서 깜짝 놀라고 용기를 얻는다. 이들에게는 나 같은 사람들에게 교훈을 주는 무언가가 있다. 우리가 아무리 안다고 생각하더라도, 우리가 누구인지 아무리 확신한다 하더라도, 고통 앞에서는 하나님의 방법에 대한 우리의 확신이 꿈결처럼 사라진다. 우리가 아는 것이 우리가 생각하는 것처럼 신앙의 중심이 아닐 수도 있다고 생각하게 된다.

새로운 사람들 만나기

이따금씩 하나님에 대한 우리의 확신이 직면하는 가장 커다란 도전이 있다면, 우리도 집 밖으로 나가면 제한된 관점을 가진 다른 사람들과 똑같은 사람이며 우주의 중심이 아님을 깨닫는 것이다. 우리가 사는 마을을 떠나, 신과 세상을 다르게 바라보는 살아 있는 진짜 인간들과 소통하게 될 때 어쨌거나 우리는 영향을 받을 수밖에 ─ 어쩌면 위협을 느낄 수밖에 없다.

우리가 믿는 것이 **유일한** 길인가? 우리는 옳고 다른 사람은 모두 틀렸는가?

단순히 내가 태어난 곳과 태어난 시기 때문에 지금과 같은 신앙을 갖게 된 것인가? 내가 다른 곳에서 태어났더라면, 내가 지금 믿는 진리를 확신하는 것처럼, 독실한 힌두교 신자나 불교 신자가 되었을까?

우리는 정말로 신뢰성 있게, 진지한 얼굴로, 내가 믿는 기독교는 말할 것도 없고 기독교 자체에 진리의 독점권이 있다고 말할 수 있는가?

기술 발전을 통해 우리가 사는 세상은 매우 좁아졌다. 우리는 인터넷을 통해 매일 '여행'을 하고, 우리에게 익숙한 세상은 상대화된다. 우리 대 그들이라는 사고방식은 우스꽝스럽게 느껴진다. 하나님과 세상에 대한 올바른 생각에 집착하는 것은 스트레스가 된다.

하버드대학교에서 구약학 박사 과정을 밟기 위해 보수적인 신학교를 떠날 때, (나와 비슷한 전철을 밟으셨던) 교수님 중 한 분이 이렇게 말씀하셨다. "거기서 자네는 가장 사람 좋은 비그리스도인들을 만나게 될 걸세." 맙소사, 교수님이 옳았다. 하버드에서 겪은 가장 큰 영적 도전은 (일부 사람들이 경고했듯이) 무신론이나 아이비리그 숭배를 나에게 강권할 준비가 된 교수들이 아니었다. 예상 외로, 내게 익숙한 집단 밖의 사람들과 함께 생활하고 일하는 것이 가장 큰 도전이었다.

동급생과 교수들은 다양한 나라에서, 다양한 방식의 삶을 살아온 이들이었다. 이들은 예수님과 하나님, 성경, 우리를 둘러싼 세계에 대해 나와 다른 것들을 믿었다. 그 좋은 사람들 중 다수는, 내가 당연하고 올바르다고 여겨 이전에 한 번도 심각하게 점검할 필요가 없었던 기독교 신앙을 통해 현실을 처리하는 방식을 전혀 알지 못했고 그에 대한 정신적 구조도 없었다. 지하철을 타고, 하버드 스퀘어를 찾아가고, 하버드 야드를 가로질러 걸어

가면서 그런 느낌은 몇 배로 커졌다. 아주 많은 사람들이 나오는 아주 달랐다.

그런데 알고 보니, 의외로 너무나 비슷했다.

나를 넘어뜨리기 위해 기다리는 적들이나 몰래 숨어 있는 노상강도, 지붕 위 저격수들은 없었다. 그들은 내가 교회 안팎에서 익히 알던 것과 동일한, 희망과 두려움과 역사와 상처를 가진 여러 인격체들의 집합이었다. 나는 그들과 함께 식사를 하고 그들은 우리 아이들을 돌봐 주었다. 그들은 '타인'이 아니라—적어도 내가 그들에게 타인이었던 것 이상은 아니었다—우리와 같은 인간이었다.

내가 그들이었을 수도 있다. 그들처럼, 나도 다른 곳에서 자랄 수 있었다. 만약 그랬다면, 나는 지금과는 다른 모습이었을 것이다. 내 특정한 신념 체계는 지금과는 전혀 다르게 세워졌을 것이다. 나는 '그들'이 될 수도 있었다.

어린 시절, 나는 제대로 보호받지 못했다. 그런데 하버드에서 보낸 이십 대 후반은, 소위 내 존재의 보잘것없음과 그것을 설명하기 위한 내 신앙 구조의 부적절함을 대면하기에 적절한 시기였던 것 같다. 하나님의 심판 날에 영원한 형벌에 처해질 것이라고 배웠던 사람들, 이 '외인'들은 기본적으로 착하고 친절한 사람들이었다. 안타깝게도 내가 우연히 마주쳤던 일부 그리스도인들보다 훨씬 유쾌한 사람들이었다.

그러니 보잘것없는 존재감을 가진 내가 어떻게 지구상의 다른 사람들을 평가하는 기준이 되겠는가? **하나님**이 그들을 외인이라고 생각하시는가? 하나님의 잔치 참석자 명단에 올라 있다는 나는 언제 어디에서 나고 자랐는가에 따라 무사통과인 반면, 그들은 언제 어디에서 나고 자랐는가로 인해 하나님과 영원히 분리될 운명이라는 것인가?

"당신이 믿는 것을 알라"라는 말에는 그 대조군인 '그들'이 **필요하다**. 하지만 여행은 확장된다. 더 큰 세상이 우리 발아래 떨어질 때 그런 확신은 약해지고 '그들'이라는 범주는 줄어든다. 심지어 '그들'이라는 존재가 있기는 한지 궁금해지기 시작한다. 우리는 하나님이 세상을 정말로 사랑하셔서 아무것도, 특히나 한 사람의 출생 장소와 시기가 그 사랑을 방해하지 못하게 하시기를 바란다.

무엇보다도, 유대인들과 함께한 성경공부는 하나님에 대한 내 편협한 생각을 몰아냈고, 지속적으로 영향을 미쳤다. 시간이 흐르면서 나는 그들의 전통의 풍성함과 심오함을 직접 깨닫게 되었다. 이전에 신학교에 있었을 때조차도, 유대 전통을 전혀 접해 보지 못했던 것이 조금 부끄럽기도 했다.

박사 과정 첫해 초반에 이스라엘에서 자란 유대인 동급생과 점심을 먹은 적이 있었다. 이유는 잘 기억나지 않지만, 대화 주제가 아담과 하와 이야기^{창 2-3장}로 넘어갔다. 내가 사과를 먹고 있었던 것 같다.

이 이야기의 기독교 버전, 곧 내가 들어 본 유일한 버전은 이렇다. 아담과 하와가 (여기서는 뱀으로 묘사된) 사탄의 유혹을 받고 금지된 과일을 한 입 먹는다. 그 결과 하나님은 분노하셨고 이들을 낙원 밖으로 쫓아내신다. 뿐만 아니라, 이 '원죄' 때문에 **모든** 인류가 하나님의 완벽한 미움의 대상이 되는 상태로 '타락했다.' 신경세포 하나, 혹은 머리카락 모낭 하나도 우리가 태어나면서부터 처하게 된 이 죄의 상태를 피할 수 없다. 이 죄의 상태가 독재 정치에서부터 양키 스타디움 박스석에 2,500불짜리 세금을 부과하는 것까지, 지구상에 있는 상상 가능한 모든 악의 궁극적 원인이다.

나는 점심을 먹으면서 이 인간의 타락을 무심코 언급했다.

"**뭐라고?**"

"인간의 타락 말이야. [흠.] 그러니까, 아담과 하와의 불순종이 이후 모든 인류를 죄에 빠뜨렸고 하나님에게서 완전히 멀어지게 했다는 거지."

"그런 이야기는 처음 들어."

"정말? 이상하네, 이거 엄청 당연한 이야기인데."

"아냐, 이 이야기 어디에도 부모에게서 자식으로 전해지는 죄에 대한 말은 없어. 죽음과 어려움이 인류에게 찾아오긴 했지만, 그 어디에서도 죄가 '전가된다'는 건 찾아볼 수 없어."

"음… 그럼 넌 사탄이 선악과로 하와를 유혹한 걸 어떻게 이해하고 있지?"

"누구?"

"'누구'라니, 무슨 뜻이야?"

"그 이야기에 사탄은 안 나와. 뱀이 나오는데, 뱀은 분명히 하나님이 창조하신 가장 교활한 **피조물**로 묘사되지. 어떤 초자연적인 적이 아니라."

"하지만 뱀이 **말**을 하잖아."

"그건 이야기이니까."

"좋아, 흠… 그럼 우리가 나쁜 짓을 하는 이유는 뭘까?"

"좋은 질문이네. 하지만 아담과 하와 이야기에는 그 답이 없어. 유대인들은 인간이 마음에 죄를 품고 있다는 의미에서 '악한 성향'과 씨름한다고 믿는데, 이 개념은 창세기 다른 곳, 홍수 이야기에서 **확실히** 찾아볼 수 있어. '여호와께서 사람의 죄악이 세상에 가득함과 그의 마음으로 생각하는 모든 **계획**이 항상 **악할** 뿐임을 보시고.'창 6:5, 저자 강조 아담과 하와도 이들의 불순종을 설명해주는 그와 똑같은 악한 성향이 있었던 거지."

"아, 그래, 알았어."

내가 아담과 하와 이야기라고 '알던' 것은 그 이야기의 실제 내용이 아니라 내가 기독교 전통에서 그 이야기에 부여한 것이었다. 어떻게 그걸 놓칠 수 있었을까? 너무 자명한 것이었는데 말이다. 솔직히 말해 왠지 속은 기분이 들었다. 점심을 먹으며 해결하기에는 너무 벅찬 주제였다.

내 신앙과 성경의 기반은 너무도 빈약해 보였다. 내 신앙이 공격당했다고 느끼지는 않았지만, 상대화되었다는, 더욱 불편한 기분이 들었다.

그 일로 나는 이런 생각을 하게 되었다. 내가 확신하던 것들이 실제로는 얼마나 덜 확실한 것일까? 사물의 보이는 모습이 전부일 거라고 생각할 만큼 나는 얼마나 순진하게 온실 속 화초처럼 살았던 것일까? 나는 왜 이런 이야기를 그동안 한 번도 들어 보지 못했을까? 그들이 보호하려 했던 것은 무엇일까?

점심을 먹으며 나눈 대화는 내 확신을 뒤흔들기에 충분했다.

나는 내 신앙에 도전하는 수많은 질문들에 해답이 있어야 한다고 주장하는 것이 아니다. 그러나 이것만큼은 확실히 믿는다. 이런 순간들은, 안전한 지대를 벗어나 권력과 권위를 가진 자리로 가라는 것이 아니라 어린아이처럼 취약한 곳에서 하나님을 신뢰하라는 초청이다.

그렇다. 이것은 불안정하고 불안하며 심지어 두려운 일일 수도 있다. 집을 떠나는 일이 대개 그렇기 마련인데, 우리가 집을 떠나지 않는 한 하나님에 대한 신뢰는 저절로 자라나지 않는다.

제 살 깎아 먹는 그리스도인

올바른 생각에 대한 집착은 개인 신앙에만 국한된 문제가 아니다. 다른 사람들에게도 영적으로 참담한 결과를 가져올 수 있다.

내 설문 조사 응답자 중 다수는, 같은 그리스도인과 기독교 지도자들에게 사기를 당하고, 두들겨 맞고, 배신당하고, 벼랑 끝까지 몰렸던 경험을 들려주었다. 그래서 이들은 교회에 발길을 끊거나, 어떤 형태의 기독교 단체도 멀리하거나, 오래 하나님을 떠나 있거나, 그냥 믿음에서 완전히 떠나 있었다.

모든 교회 활동을 그만두고 로터리 클럽에 가입하기 전까지, 이들은 종교 지도자들과 다른 '형제자매들'로부터 현혹되고, 학대당하고, 정신적 괴롭힘을 당하고, 조종당하고, 무시당하고, 속았다.

왜 이런 사태가 벌어졌는가? 사람들이 당연히 믿어야 한다고 당부한 것들에 의문을 품었기 때문이다. 당신이 믿는 것이 협상 불가능한 진정한 믿음의 중심이라고 안다면, 의문과 비판적 자기반성은 위협이 된다. 그들이 얼마나 조심스럽게 서서히 대화를 시작했느냐는 중요하지 않았다. 중요한 것은, '체제'가 공격을 받았으므로 조치를 취해야 한다는 것뿐이었다.

단순히, 사태가 걷잡을 수 없게 되어 결국에는 모든 사람이 기분 상하게 되는 의견 충돌이나 논쟁을 이야기하는 것이 아니다. 그런 일은 생기기 마련이고, 선의를 가진 사람들은 결국 자기 잘못을 인정하고 다함께 포옹한 후에 다음 단계로 나아간다.

내가 이야기하려는 것은, 무슨 대가를 치러서라도 확신을 지켜내고 절대 타협하지 않는 그저 그런 흔해 빠진 비열함을 전략과 전술, 명예 훈장, 강력한 신앙의 증거로 삼는 것이다.

설문 응답자 대다수는, 자신들이 믿는 것에 의문을 품게 만든 최고로 당황스러운 순간이 바로 이때였다고 답했다. 그 외에 응답자들이 언급한 다른 네 가지 당황스러운 순간들도 신앙의 지적 확신성에 의문을 제기했다. 이 문제는 그들을 좌절시킨 관계, 공동체와 관련이 있어서 이들의 신앙을 더 회복 불가능한 단계로 악화시켰다.

그리스도인들이 앞서 언급한, '하나님의 백성'이 짓밟은 듯한 기분이 들 때 신앙은 지금 당장 아무 도움이 되지 않는 것처럼 보인다. 그리고 이렇게 효과가 없다면 신앙을 고수하기 위한 지적 논쟁은 시간의 흐름에 따라 매력을 잃게 된다. 뭐 하러 그렇게 하겠는가?

제 살 깎아 먹는 신앙은 사람들을 흩뜨릴 뿐만 아니라, 기독교는 현재를 정의하는 강력한 영적 현실이 아니라 또 다른 회원 전용 클럽이며, 예수님은 오래된 고대 유물일 뿐이라는 붉은 조명탄을 나머지 인류를 향해 쏘아 올리는 일이다. 기독교는 권력을 포기하기보다는 얻기 위한 수단이라는 것이다. 그러니 누가 정말로 기독교를 원하겠는가?

어떤 독자들은 교회와 제도 정치라는 날카로운 절삭기에 끼인 채로 너무나 익숙해진 이야기를 했다. 기독교 조직의 어둡고 은밀한 부분은 산상수훈보다는 프랜시스와 클레어 언더우드*의 더러운 정치 책략처럼 보일 수 있다.

불신앙을 품은 반역자를 뿌리 뽑기 위한 성전聖戰(전쟁의 은유는 너무나 많다)에서는, "복음을 수호하라"는 높이 솟은 기치 하에 밀실 정치 공작, 가십, 상대의 인격 비방, 거짓말, 복수, 심지어 생계 파괴 등이 유감스럽지만 필요한 전략으로 용인된다. 안됐지만 그런 인과 관계는 진리가 훼손되고 복음이 위기에 처했을 때 필요하다고 여겨진다.

그러나 일부 사람들에게는 복음이 항상 위태로운 듯 보인다. 그들은 하나님에 대한 자신들의 생각을 실제와 혼동해 왔다. 그들은 그들만의 자기 지시적 신학 담론을 애지중지하게 되었고, 다른 점이 없다는 자신들의 주장을 믿는다.

물론 기독교 조직이든 아니든 모든 조직에는 자신의 정체성을

---

* 넷플릭스Netflix의 인기 정치 드라마 〈하우스 오브 카드House of Cards〉에 나오는 주인공 부부.

정의하는 선이 있다. 경계가 있다는 것은 문제가 아니다. 문제는 권위와 권력을 가진 (혹은 얻고자 하는) 그리스도인들이 포악하고, 사리를 모르며, 하나님과 하나님 나라를 섬긴다는 명목으로 반대파를 처단할 때 발생한다. 나는 그런 기독교 하위 그룹의 행동이 "공적 업무일 뿐 개인 감정은 없다"라는 미명 하에 옹호되는 것을 직접 목격한 적이 있다. 이 말이 영화 〈대부-Godfather〉의 대사라는 것을 눈치 챈 사람이 있을지도 모르겠다. 이제 곧 뒤통수에 총알이 박힐 누군가에게 하는 말이다.

이런 당황스러운 순간과 나머지 네 상황의 차이점은 너무나 명백하다. 이 당황스러운 순간은 우리가 완전히 통제할 수 있다. 우리는 성경에 나오는 고난이나 현대 세계, 고통과 괴로움, 다른 종교들과의 접촉을 없앨 수는 없다. 하지만 비열하고 추잡하게 굴지 않을 수는 있다. 언제든, 우리가 원하기만 하면 말이다.

그리고 우리는 그래야 한다. 예수님이 그렇게 말씀하셨고, 복음은 정말로 곤경에 처해 **있다**. 사람들의 생명이 위험하다.

올바른 생각에 대한 집착과 고수는 우리를 끔찍한 사람으로, 우리 주변 사람들을 비참한 사람으로 만든다. 하지만 우리에게 들을 귀가 있다면, 여기에도 하나님의 순간은 존재할 수 있다.

어쩌면 하나님은 여기에도 계실지 모른다. '아는' 것이 가장 중요한 위치에 있지 않음을 필사적으로 고수하는 또 다른 믿음 공동체로 향하는 길, 그리스도인이 되는 새로운 길을 우리에게 열어 주시면서 말이다. 나는 우리가 폭력이 난무하는 종교 모임과도 끈끈하게 연관될 수 있음을 깨달았다. 마치 달리 갈 곳을 생각하지 못해 학대하는 남편을 떠나지 못하는 매 맞는 아내처럼, 사람들은 상황이 너무 악화되어 더 이상 머물 수 없을 지경이 될 때까지 그곳을 떠나지 못한다. 결국 남편이 술을 먹고 귀가해 폭력을 행사하는 마지막 순간에 이르러서야 그것은 생존 문제가 된다.

올바른 생각에 대한 집착이 당신을 인도할 그곳의 어둡고 취약한 부분을 폭로하(고 다른 종류의 신앙의 가치를 깨닫기 시작하)기 위해서는 악의에 찬 그리스도인들의 지배를 받는 것만한 것이 없다. 그런 순간들은 신앙의 끝이 아니라, 확신이 아닌 신뢰에 근거한 신앙으로 우리를 안내할 것이다.

하나님은 내 아버지가 아니다

이 이야기는 내가 전적으로 옳다고 여기고, 당연히 내가 하나님이 정하신 대변인이라고 생각하던 때의 이야기이다. 하지만 내가 갑자기 교만하고 위험한 발언을 하려고 하자 하나님이 내 입을 틀어막으셨다.

하버드대 신학대학원 박사 과정 신입생이었을 때 복사실에 간 적이 있다. 당시 복사실은 복사기 두 대와 학생 두 명이 간신히 들어갈 정도로 아담한 장소였다. 에너지 넘치는 학생들은 자신들의 연구 자료, 시간만 충분하다면 인간의 모든 지식을 바꿀 수도 있는—정년이 보장되는 교수 자리를 안겨 준다면 금상첨화일—자료를 복사해야 했다. (하나님이 웃으시는 소리가 들린다.)

나는 엄청 무겁고 심각한 책들과 학술지 뭉텅이를 가져갔었는데 별 볼일 없는 하급 석사 과정 학생이 미친 듯이 복사를 하고 있었다. 나는 이 여학생이 공부하는 주제가 세상을 바꿀 내 프로젝트만큼 중요한지 매우 의심스러웠는데, 지금은 그 연구 주제가 무엇이었는지도 전혀 기억나지 않는다.

그 학생은 내게 '넌 내 영역을 침범했어, 꺼져!'라는 눈빛을 힐 끗 보낸 후 자기 일에 집중했다. 마치 자신이 사냥한 동물을 하 이에나 무리에게서 지키려는 암사자처럼 말이다. 유감스럽지만, 그것은 학계에서는 당연한 일이다('내 분야야! 저리 비켜!').

우리 둘 빼고 주변에 아무도 없음을 확인한 나는, 언제나 스스 로를 다정한 녀석이라고 생각했기에 이 어색함을 깰 수 있을 거 라 생각했다.

"안녕, 난 피터라고 해. 넌 무슨 연구를 하고 있니?"

그녀는 마치 영화 속에서 매우 조용하지만 정신 나간 살인자 가 카메라를 응시하듯이 천천히 몸을 돌렸다. 이 포식자는 자신 이 완전한 통제권을 쥐고 있고, 지금이건 나중이건 당신을 죽일 수 있으며, 어떤 식으로 죽이든 자신에게는 상관 없다는 것을 알 고 있기에 절대 서두르는 법이 없다. 당신의 눈이 그의 눈과 마주 치는 순간, 당신은 이미 늦었다는 것을 깨닫고 만다.

그녀는 짜증과 분노가 뒤섞인 지옥 불처럼 시뻘건 눈으로 나 를 곁눈질하면서 입안에 불이라도 났는지 앙다문 치아 사이로 이렇게 말했다.

"하나님을… 아버지라… 생각하면… 안 되는… 이유에… 대해… 논문을… 쓰고… 있어요."

그날 그녀의 대답과 함께, 하나님은 다음과 같이 그 모습을 드 러내셨다.

내 인생의 그 시점에, 이십 대 후반 그리스도인으로서 나는 꽤나 괜찮은 남자와 똑똑한 척하는 거만한 남자 사이 어딘가에 있었다는 것을 알아 두면 도움이 될 것 같다. 내 상태는 그때그때 달랐다. 그날에는 반사적으로, 조금도 생색내지 않고 친절하게 질문을 했는데, 그리스도의 빛을 온몸에 받은 그녀는 어찌 그리 어리석을 수 있는가.

그녀는 **정말로** 성경을 읽어 보기는 했을까? 하나님은 남성이며 이 남성 하나님을 부르는 수많은 호칭 중 하나가 '아버지'이다. 좀 찾아보고 깨달아라. 세상에서 제일 유명한 기도이자(오, 제발) 우리가 주일마다 교회에서 외우는 (당신은 교회에 **다닌다**. 그렇지 않은가?) 그것, 예수님이 제자들에게 가르치신 그 기도, 주기도문은 이렇게 시작한다. "하늘에 계신 우리 아버지." 그냥 '내' 아버지가 아니라 '우리' 아버지이다. 우리는 하나님을 '아버지'라 부르게 **되었는데** 예수님이 그렇게 하라고 말씀하셨다.

그러니 성경을 제대로 모르고, 예수님을 정말로 진지하게 받아들이지 않으며, 하나님을 믿지도 않으면서 복사만 해대는 석사 과정 학생은 뒤로 빠지길 바란다. 당신의 설익은 개념에 하나님을 끼워 맞춰서 짜증나게 하지 말고, 당신 '이론'을 논문으로 써서 그것을 그럴싸하게 만들지 않길 바란다. 진지하게 하는 말이다.

"하나님을 아버지라 생각해서는 안 된다." 이 말은 마치 배트시그널Bat-Signal(배트맨을 호출할 때 사용하는 도구―옮긴이) 같았고 나는 위기를 해결하기 위해 그곳에 있었다. 하지만 나는 이 일을 가능한 한 고통스럽지 않게 처리할 것이다. 나는 인정 많은 사람이니까. 그 여학생은 자신에게 무슨 일이 일어났는지 절대 알지 못할 것이다.

순식간에 내 머릿속에서 이런 생각이 흘러갔다.

하지만 나는 한마디도 하지 않았다. 내 입에서 나온 말이라고는 "와, 그거 정말 흥미로운데"였다. 나는 범죄 수사요원의 면모를 드러냈다.

나는 돌아서서 복사를 계속하면서 살짝 죄책감을 느꼈다. 이 엉뚱한 지식을 가진, 분명히 잘못된, 말 그대로 길 잃은 석사 과정 학생이 하나님을 만날 기회, 틀림없이 하나님이 직접 계획하신 이 황금 같은 기회를 받아들일 배짱이 내게는 없었다. 나는 그 기회를 날려 버렸다.

하지만 얼마 안 있어 나는 내가 그 기회를 망친 것이 아님을 알게 되었다. 실제로는 하나님이 직접 개입하여 내 입을 막으셔서 실수를 막아 주셨다.

'이봐, 피터(나는 혼잣말을 아주 많이 한다), 어쩌면… 어쩌면… 넌 말하기보다 듣기를 더 많이 해야 할지 몰라. 어쩌면 그 여학생은 할 말이 있었을 거야. 아주 힘든 삶을 살았고, 못된 아버지가 있었는지도 모르지. 어쩌면 성적으로 학대를 당했을 수도 있어. 어쩌면 하나님을 아버지라 생각하는 게 나쁜 기억과 고통을 불러오는지도 모르지. 그 여학생이 얼마나 화를 내는지 너도 봤잖아! 어쩌면 내가 정말로 확신하는 '하나님을 옹호하는' 그 짧은 설교가 이 사람에게는 오히려 해가 되었을 수도 있어. 내 신학에 따르면, 나는 하나님의 형상대로 만들어졌기에 소중하고 무한한 가치를 지닌다고 말해 주지만 말이야.

(내 말 아직 안 끝났으니 마저 들어.) 네가 하나님에 대하여 제대로 알고 있다고 스스로 확신하기 때문에 네 자신이 그렇다고 생각하지 말고, 어쩌면 넌 네가 생각하는 것만큼 하나님을 제대로 이해하지 못해서 몇 가지를 더 배워야 하는지도 몰라. 말하자면 하나님은 세상을 너무나 사랑하셔서 마치 어머니처럼 인내로 양육하시고[9] 너를 이용해 다른 사람들을 억압하면서 빈둥대지 않으신다는 내용 같은 것 말이야.'

이때가 내 인생에서 유일한 깨달음의 순간은 아니었지만 나는 이 순간을 생생히 기억한다. 이 일이 하버드대학 생활 초창기에 벌어졌기 때문일 것이다. 인생에서 중요한 다른 순간들처럼, 이 일은 아무 생각 없이 내 할 일만 하고 돌아다니던 나를 깜짝 놀라게 만들었다.

하나님이 자비롭게도 내게 깨달음의 순간을 주신 것 같다. 돌아보면, 나는 그 여학생에게 하나님의 사랑을 더 많이 표현할 수도 있었을 것이다. 하지만 최소한 아무런 해는 끼치지 않았다. 난 그렇게 생각하겠다. 그 과정에서 나는 하나님에 대해 올바른 지식을 갖는 것과 내가 아는 내용에 모든 사람이 동의함을 확인하는 것이, 하나님 보시기에 내가 할 수 있는 가장 중요한 일이 아닐 수도 있다는 사실을 점점 더 확실히 깨닫게 되었다.

사실, (이것이 바로 성경을 전공하는 신학교 석사박사 과정 학생이 꽤나 착각하는 지점이다) 나는 내 사기꾼 두뇌가 바라는 것만큼 하나님에 대하여 옳지 않을지도 모른다. 어쩌면 다른 이들을 사랑하는 것—이 경우에는 그저 입을 꾹 다물고, 친절한 말을 하고, 분노를 개인적 감정으로 받아들이지 않는 것—이야말로 진정으로 옳은 일이었다.

이 땅에서 내 목적은, 먼저 사상경찰이 되어 다른 이들의 사상을 정렬한 다음에야 그들을 사랑하는 것이 아닐 것이다. 어쩌면 내 최우선 과제는 하나님에 대한 나 자신의 확신을 걸고 다른 이들을 사랑하는 것일지도 모른다. 그들이 내 신학 시험에서 어떤 성적이 나오든 있는 모습 그대로 말이다.

올바르고자 하는 필요성에 따라 행동하는 것은 그 필요를 내려놓고 우리가 소중히 여기는 것들을 위태롭게 하는 것보다, 아무런 대가를 기대하지 않거나 하나님께 점수를 얻는다고 생각하지 않고 다른 이들을 사랑하는 것보다 훨씬 쉽다. 사랑은 우리의 느낌과는 관계없이 일어난다. 사랑은 행동이다. 이기심 없는 행동, 곧 우리가 자신을 생각하지 않고, 혹은 이 일로 우리가 어떻게 보일지를 생각하지 않고 타인들을 위해 하는 행동이다. 남을 사랑하는 것은 우리가 할 수 있는 한 가장 많이 자신을 비우고, 자신을 부정하는 행위이다. 참 사랑은 다른 사람을 가장 높은 자리에 두는 것이기 때문이다.

예수님이 오래전 군중에게 말씀하셨듯이, 당신이 다른 이들을

사랑하면 바로 그 순간 당신은 가장 하나님 닮은 행동을 하는 셈이다.마 5:43-48

예수님이 설교하신 대상은 오늘날의 군중과 어떤 면에서는 별반 다르지 않다. 우리와 마찬가지로 그들의 충동은, 자신들과 가장 비슷한 자신의 이웃을 사랑하고 자신의 적들을 증오하는 것이었다. 예수님 시대에 적이라고 하면 대개 로마인들을 뜻했는데, 이들은 유대인과 공통점이 거의 없었고 특히 종교적 믿음이 확연히 달랐다.

그러나 예수님은 이와 같은 '우리 대 그들' 사고방식을 직시하시고 사람들에게 원수까지 사랑해야 한다고 말씀하셨다. 그들의 적이 박해한다 할지라도(그런 일은 당시 로마 정부 치하에서도 이따금씩 벌어졌다) 그들을 위해 기도해야 한다.

'우리 대 그들'이 당신의 삶의 방식이라면, '그들'을 사랑하는 것만도 충분히 힘들다. 하물며 '그들'을 위해 기도하는 것은 훨씬 더 어렵다. 우리는 피가 얼어붙는 듯한 하나님의 함성이 분노와 역병을 내려 주시기를 기도한다. 아니면, 최소한 복사를 하면서 날카로운 말로 그들을 찌르고 상처 주길 원한다. 그러나 예수님은 **그만 하면 됐다**고 말씀하신다. 하나님을 닮는 것은 사랑에서 온전해진다는 의미이다.마 5:48 하나님처럼 사랑한다는 것은 우리와 같은 사람뿐만 아니라 그렇지 않은 사람들도 사랑한다는 뜻이다. 내 경우에는, 말하고 싶어 미칠 지경이었을 때에도 그저 입을 꾹 다물고 있는 것을 의미했다.

예수님이 이 말씀을 하신 지 2천 년 세월이 흘렀지만, '우리 대그들' 사고방식은 그리스도인들 사이에서 여전하다. 우리가 예수님의 말씀을 다양한 장소에서 다양한 방법으로 어떻게 실천할 수 있는지 알아보기 위해서는 각고의 노력과 경계가 필요하다. 이것이 바로 그리스도인들이 할 일이다. 우리는 다른 시대에, 그 당시에 적절한 이유로 쓰인 성경을 읽고 이렇게 자문한다. "바로 지금 여기에서 예수님을 따른다는 것은 어떤 모습일까?"

그때 그 순간, 사랑이란 내게 소중한 어떤 것, 즉 바른 것을 추구하고 논쟁에서 이기는 것을 포기한다는 뜻이었다. 내 두뇌가 제멋대로 구는 유치원생처럼 자기 말을 들으라고 요구하며 이리저리 날뛰기는 했지만 말이다.

자아를 떠나보내는 것과 지나치게 활발한 우리의 사상 세계를 향해 조용히 자리에 앉으라고 말하는 것이 늘 기분 좋은 일은 아니다. 너무 오랫동안 '지식'이 책임자 위치에 있었기 때문에 우리는 다른 사람들을 어떻게 대해야 하는지 성경에서 읽은 다른 모든 내용은 몽땅 잊어버린다.

사랑의 위험성이 여기 있다. 예수님이 말씀하신 대로 사랑하면 **우리가** 변하는데, 그것은 우리가 너무나 소중하게 붙잡고 있던 것들—내 경우에는, 올바른 것을 추구하고 그렇게 말하는 것—을 조금씩 내려놓기 때문이다. 우리는 움켜쥔 손을 펴고, 자신에게서 벗어나 타인의 관점에서 진심으로 사물을 바라보게 되는데, 이것이 진정한 이타적 행동이다.

하지만 변화는 쉽지 않다. 우리는 스스로를 바라보기보다는 걸핏하면 남들에게 변화를 강요하고, 자기 눈의 들보보다 이웃의 눈에 있는 티 지적하기를 더 좋아한다.마7:1-5 그것은 사랑이 아니다.

나는 내가 생각하는 하나님에 대해 여전히 생각하고 이야기한다. 그러나 올바름을 추구하는 것과 이기는 것이 여기에서는 최종 단계가 아님을 내가 배웠기를 바란다. 최종 단계는 하나님처럼 사랑하는 것이다.

'오, 이런'이 '아하!'가 되는 순간

지금 시점에서 이런 이야기를 할 필요는 없을 것 같지만, 만약의 경우를 위해 하려 한다. 나는 답을 주는 사람이 아니다. 만약에 내가 이런 당황스런 순간들에 대한 간단한 해답이 있다고 했다면, 그건 그저 한 종류의 확신을 다른 종류로 대체하려 한 것이다. 나는 우리가 이런 문제들을 해결하고 만사가 이치에 맞았던 때로 돌아갈 수 있다고 생각하지 않는다. 이런 문제들이 우리를 어딘가로, 우리가 늘 있던 곳에만 머물렀다면 바라볼 생각조차 하지 못했을 그 어딘가로 인도할지 알고 싶다.

하지만 내 설문에 응답한 사람들 중 대다수처럼 어떤 사람들은 이미 그 배를 타고 항해를 시작했다.

따라서 내 말이 성공한 인생을 위한 10단계 계획 같은 것으로 들리지 않기를 바라면서(더군다나 나는 7단계만 제시할 것이므로), 내가 하나님에 대한 생각과 하나님을 믿는 신앙을 어떻게 재고하게 되었는지 간단히 제시하려 한다. "이렇게 저렇게 하라"가 아니라 "최근에 나는 이런 배경에서 내 신앙 이야기를 바라보게 되었습니다. 하나님에 대한 확신에 집착하기보다는, 하나님에 대한 신뢰를 중심으로 제 삶을 재조정하기 시작했습니다" 이런 식으로 말이다. 모든 내용은 우리가 지금까지 살펴본 당황스러운 순간들에서 비롯되는데, 몇 가지 다른 것들은 잠시 후에 다시 살펴보도록 하겠다.

1. 고마워요, 근대성. 앞서 보았듯이, 지난 몇 세기 동안 적어도 서구 사회와 서구화된 사회는 확실히 기독교 신앙에 과학적으로 도전했다. 그러나 내가 보기에는, 이러한 도전들은 올바른 생각과 강한 믿음을 하나로 융합한 특정한 신앙의 문제점들을 노출시켰다.

근대성의 도전은 우리의 확신을 뒤흔들어 놓았고, 그렇게 함으로써 우리로 하여금 신뢰를 추구하게 했다.

우리 가족은 아이들이 아주 어릴 때부터 매년 나무 농장으로 트레킹을 가서 우리가 심었던 나무를 베고, 노먼 록웰Norman Rockwell(미국의 20세기 화가이자 일러스트레이터, 중산층의 생활상을 친근하고 인상적으로 묘사한 작품들로 유명하다—편집자)의 그림과 전통 크리스마스 풍경 속의 일부가 되곤 했다. 우리는 나무를 베어 끌고 와서는 진동수확기에 올려놓았다. 진동수확기는 매우 빠른 속도로 진동하면서 죽은 솔잎과 혹시라도 나무에 살고 있을지도 모르는 해충을 제거해 준다.

나무가 겨울 내내 진동수확기에 놓여 있다면, 아무 데도 쓸모가 없을 것이다. 하지만 이 나무가 기쁨과 평화와 축하의 상징이 되려면 진동수확기가 꼭 필요하다.

근대 세계는 하나님에 대한 우리의 생각을 흔들어 놓았다. 그리고 그것은 어쩌면 필요한 일이었는지도 모른다.

2. 우리 머리로 이해할 수 없는 하나님. 나는 기독교 신앙이 본질적으로 합리적이라고 생각하지 않는다. 이는 인간 이성으로는 그것을 완전히 포착할 수 없다는 뜻이다. 실제로 기독교 신앙은 이성을 자주 혼란에 빠뜨리곤 한다. 어쩌다 한 번씩 약간의 조정이 필요할 뿐 인간의 지성으로 편안하게 포착할 수 있는 하나님은 결코 하나님이 아니다. 하나님에 대한 신앙이 합리적이기를 기대하는 것은 해결책보다는 문제가 될 때가 더 많다.

앞에서도 말했듯이, 나는 한 순간도 이성이 중요하지 않다고 말한 적이 없다. 이 책을 쓰면서도 이성을 사용하고 있다. 내 말은, 지적인 삶은 인간성의 한 차원이기에 신앙생활의 한 **측면**으로 존재하지, 신앙생활의 전부는 아니라는 뜻이다.

다시 말해, 창조주에 대한 믿음은 필연적으로 (반이성적이 아니라) 초이성적이며 신비롭다. 나는 지적 도전을 헤쳐 나올 때 이 사실을 기억하려 애쓴다. 회피하는 것이 아니라 **헤쳐 나오는** 것이다.

3. 기독교는 확신을 내려놓는 데 필요한 설정이다. 기독교 신앙을 떠받치는 두 기둥, 성육신과 부활은 신앙의 신비를 표현한다. 물론 이 두 요소가 기독교 신앙의 전부는 아니지만 기독교를 기독교답게 만들고, 우리 생각과 말의 힘을 피한다.

성육신, 하나님이 우리 가운데 오신다. 이것이 정말 무슨 뜻인가? 성육신의 뜻을 이해하는 것은 차치하고, 우리는 어떤 단어를 사용하여 그 개념을 표현해야 할까?

부활, 이 세상 그 누구도 피할 수 없는 유일한 실재인 죽음의 거대한 반전.

두 가지 모두 우리가 대상을 알기 위해 사용하는 대부분의 기준, 곧 경험과 관찰, 실험 등을 완전히 초월한다. 이런 신비는 오로지 신뢰를 통해서만 다르게 '알 수 있다.'

기독교 신앙을 따른다는 것이 반직관적이며 궁극적으로 내가 도저히 이해할 수 없고 분명히 말할 수 없는 것들과 매순간 대면하는 것을 뜻한다는 사실이, 내게는 이상하리만치 위안이 된다. 하나님은 예상치 못한 방법으로 내게 (덜 현실적이 아니라) 더 현실적으로 다가오신다.

4. 성경이 전달할 수 있는 것에 대한 기대치 조정하기.[10] 이것은 나에게 굉장히 부담스런 일이었는데, 나는 '성경 연구'로 밥벌이를 하며 그 생각에서 벗어날 수 없는 사람이기 때문이다.

나는 다음과 같은 역설을 받아들이라고 배웠다. 성경은 당신이 기대하는 만큼 작용하기보다는, 2-3천 년 전에 쓰인 책처럼 작용할 때가 많다. 나는 성경이 그것이 쓰인 고대의 배경을 온전히 반영한다고 생각한다. 따라서 많은 생각과 지혜 없이 그저 우리 삶에 떨어진 문서로 작용하지 않는다. 우리는 반드시 성경에 대해 충분히 생각하고, 숙고하고, 시험하고, 평가하고, (필요한 경우) 논쟁도 해야 한다. 이 모두가 신앙의 표현이지 그 반증은 아니다.

5. 하나님의 순간. 나는 지금까지 살면서 하나님의 순간을 몇 차례 경험했다. 그런 순간을 더 많이 경험하고 싶은데, 내가 집중을 잘 못하고 있는지도 모르겠다.

당신이 경험한 하나님의 순간을 신뢰하라. 그런 순간들은 하나님에 대한 지적 논쟁에서 역할을 하지 않지만, 그것이 핵심이다. 지적 논쟁만으로는 충분하지 않으며, 하나님의 순간이 이내 실망으로 이어지고 말 것이다. 하나님은 우리 인간성의 일부가 아니라 전체를 통해 우리에게 말씀하신다.

하나님의 순간을 모든 사람에게 증명할 수는 없지만, 그렇다고 해서 그 순간들이 차선은 아니다. 하나님의 순간은 다른 종류의 증거이다.

6. 하나님은 목발이 아니다. 두뇌 지향적인 나는 이런 말을 하는 사람을 낮잡아 보는 경향이 있었다. "신앙이 없었다면 이 고난을 이겨 내지 못했을 거야." "하나님이 안 계신다면 내가 버틸 수 있을지 모르겠어." 나는 이런 정서는 목발이 필요한 마음 약한 사람들에게나 필요하다고 늘 생각했다. 기독교가 진리라면, "기독교는 진리여야 한다"는 당위성이 아닌 다른 합리적인 이유가 있어야 한다.

나는 이제 나이가 들어서 어리석음을 조금은 벗어났다. 많은 사람들이 그러했듯, 하나님께 울부짖는 사람들은 하나님과의 진정한 소통이 시작되는 바로 그곳에 자리하고 있는 건지도 모른다는 것을 나도 이제 이해한다. 이들은 하나님께 완전히 굴복하는 특별한 자리에 있기 때문이다.

7. 신앙 때문에 고뇌하는 것은 정상이다. 여정과 **순례**는 내게 신앙생활을 묘사하는 강력한 단어가 되었다.

나는 내가 누구인지, 어디에 있는지, 내 생각이 현실과 다르다는 것을 상기시켜 줄 불안정과 불확실, 두려움의 시기를 기대하게 되었다. 그 과정에서 내 경험을 대면하고 거기에 진심으로 참여하는 것은, 하나님이 멀리 계시는 시기를 포함하여 어떤 순간에든지 내 경험이 전체 여정이 아님을 기억하도록 도와준다.

나는 성경에서와 마찬가지로 고뇌와 의심의 시기가 신앙생활에서 흔한 경험이라고 믿게 되었다. 그 기간이 얼마나 오래 지속되든지 간에, 필연적으로 무언가를 배우기 마련이다.

나는 만사가 완전히 깔끔하게 정리되지 않는 것이 신앙의 신비라고 생각한다. 그래서 그런 상태는 내게 이 여정이 끝났음을 알리는 신호가 아니라 여전히 여행을 계속하고 있다는 신호가 된다.

나 자신의 경험과 나보다 훨씬 지혜로운 다른 많은 이들의 경험을 되돌아보노라면, 하나님은 그 모든 과정 내내 기꺼이 우리를 도와주려 하시는 것 같다.

주께서 나를 깊은 웅덩이와 어둡고 음침한 곳에 두셨사오며. 시편 88:6

7. 하나님은 당신이 죽기를 바라신다

거짓: "모두 당신 탓이오"

요즘 유행하는 회의론이 아니라 의심, 그러나 당신이 언제나 확신했던 것을 **정말로** 의심하는 것.[1] 우리 중 다수, 어쩌면 대부분은 조만간 이 지경에 다다를 것이다.

발단은 큰 재앙이나 (더 흔하게는) 일련의 사소한 사건들이었다. 이런 작은 일들은 시간이 흐르면서 서서히 영향을 미치기 시작하여, 신앙을 복잡하게 만들고 과거의 확신을 깎아내리곤 한다.

그러나 이유야 어쨌건 그런 순간이 다가온다고 느낄 때, 우리는 어떻게 하는가? 하나님이 알아차리시기 전에 그런 감정들이 사라지기를 바라며 그것을 억누르려 한다.

그러나 감정은 사라지지 않고 하나님은 눈치 채신다.

익숙한 믿음이 흩어지는 것을 느끼는 것은 불안하고 혼란스러우며 맥 빠지고 두렵기까지 하다.

이런 감정은 도대체 어디서 온 걸까?

어떻게 해야 평소대로 돌아갈 수 있을까?

내가 뭔가 크게 잘못한 게 틀림없어.

어딘가 모자란 구석이 있었나?

겉으로만 믿는 척하는 게 발각되었나?

성구 암송이 부족했나?

교회에 더 열심히 다녀야 했었나?

이유야 어쨌건, 우리는 반사적으로 뭔가 잘못을 저질렀다고 추측한다. "다 내 잘못이야. 하나님이 엄청 실망하신 게 분명해. 난 너무 나약해."

그래서 우리는 우리가 아는 유일하고 익숙한 방법을 사용한다. 이 불확실한 상태를 벗어나 최대한 빨리, 바위처럼 단단한 평소의 확신 상태로 돌아오기 위해 소매를 걷어붙이고 할 수 있는 최선을 다한다. 믿음이 부서졌으니 고쳐야 하는 것이다. 전열을 가다듬고 부끄러움 없이 하나님을 다시 마주할 수 있다고 느낄 때, 만사는 예전 그대로, 응당 그래야만 하는 상태로 되돌아갈 것이다.

만약 그 어떤 것도 소용이 없고 의심이 지나치게 오래 지속된다면, 우리에게는 다음과 같은 선택지가 있다. 절망에 차서 조용하고 비참하게 살아가는 것이다. 부끄러워하면서, 목소리 높이기도 두려워한다. 아니면 하나님을 포기하고 인생을 리셋하고 다시 시작한다.

그러나 의심은 믿음의 적이 아니다. 우리를 하나님과 분리하는 유일한 파괴력도, 밝고 따뜻한 믿음의 태양을 차단하는 먹구름도 아니다. 우리가 머릿속에서 믿음과 확신을 동일시할 때에만 의심은 믿음의 적이 된다.

의심은 우리가 어떻게 생각하느냐에 따라 궁지에 몰린다. 의심은 확신의 필요성이 사라졌을 때 일어난다.

의심은 우리를 공허하고 두렵게 만들 수 있지만, 그것이 바로 의심이 주는 유익이다. 강한 믿음은 '당신이 믿는 것을 아는 것'이라는 어리석은 생각, 즉 믿음이 '클수록' 확신도 크다는 생각을 폭로하는 것이 의심이다.

의심은 영적 재편이 일어나고 있다는 뜻이다. "앞으로 나아갈 시간이야"라는 말을 하나님 식으로 표현한 것이다.

의심은 강력하다. 반드시 해야 하지만 우리 스스로 할 수 없는 일들을 영적으로 해낼 수 있도록 한다. 의심은, 우리가 하나님에 대하여 마음속에 간직하고 있었던 개념들을 의지하지 않고, 우리를 밀어붙여 그분을 더 깊이 신뢰하라는 도전에 대면하게 하곤 한다. 의심은 우리의 빈약한 사고를 드러낸다.

우리는 자신의 믿음이 안전과 보호를 제공해 주는 견고한 성이라고 생각하는 데 익숙해져 있는지도 모르겠다. 그곳은 머물기 좋은 장소이며, 우리 모두에게는 이따금 그런 경험이 필요하다. 그런데 만약 하나님이 헬리콥터 부모가 아니라면 어떻게 될까? 안전하다는 느낌이 언제나 하나님의 임재를 나타내는 신호가 아니라 그분과 거리를 두게 만드는 두려움의 유형이라면 어떻게 될까? 하나님이 우리를 위해 그 격차를 좁히기 원하시고, 의심이 그 과정에서 우리를 도와준다면 어떻게 될까? 의심은 영적 연약함의 징후가 아니라 더 깊은 믿음으로 나아가는 첫걸음이다.

의심은 우리가 세운 성벽(과 그것이 약속하는 거짓 안도감과 영속성)을 무너뜨리고 우리를 밖으로 내몰아 외롭고 힘들지만 새롭게 되는 길을 걷게 만든다. 그런 때에는 확실히 하나님이 우리에게 반대하시거나 멀리 계시거나 완전히 부재중이신 것처럼 느껴진다. 하지만 안 계신 것**처럼** 느껴지는 그 어두움이 실제로는 하나님이 임재하시는 순간이며, 하나님에 대한 짧은 생각에서 벗어나 우리가 성장할 수 있게 도와주는 그분의 선물이라면 어떻게 될까?

하나님을 의심하는 것은 고통스럽고 두려운 일이다. 왜냐하면 실제로는 하찮은 하나님, 우리가 통제할 수 있는 하나님, 우리 모임에만 계신 하나님, 우리 생각에 동의하시는 하나님 등 우리에게 익숙한 그분에 대한 개념들을 버리는 것에 불과하지만, 우리는 그것을 하나님을 버리는 것이라 생각하기 때문이다.

의심은 방해 요소를 제거하여 우리가 하나님이라 생각하는 존재가 얼마나 부적절한지 좀 더 명확하게 볼 수 있게 한다. 또 **우리의** 신이 바로 **그** 하나님이라 생각하는 어리석음에서 벗어나게 해 준다.

내 짐작으로, 우리 대부분은 하나님을 꽤나 잘 이해한다고 생각할 것이다. 하나님이 어떤 분이신지 이야기해 주고 돈을 버는 나 같은 사람에게 이것은 직업병 같은 것이다. 우리는 성경을 읽고 다른 사람들에게 그 내용을 전달해 줄 수 있다. 규칙적으로 교회에 가고 소모임과 행사에 참여한다. 우리가 훌륭한 일을 하고 있으니 하나님은 분명 감명을 받으셨을 것이다.

온전한 신앙에 이르렀다는 '올바른 생각' 모드로 들어가기란 참으로 쉽다. 우리는 하나님이 어떤 교회에 다니시고, 어떤 성경 번역을 선호하시며, 어떻게 투표하시고, 어떤 영화를 보시며, 어떤 책들을 읽으시는지 알고 있다. 우리는 하나님이 어떤 부류의 사람들을 인정하시는지 안다. 하나님께는 승자와 패자가 있는데 우리는 승자, 진정한 내부자들이다. 하나님은 우리가 좋아하는 것을 모두 좋아하신다. 우리는 하나님을 대신하여 말하며 그것을 예사로 여긴다.

내가 만나 본, 자신의 신앙을 진지하게 받아들이는 모든 그리스도인들은 오래지 않아 하나님은 정말 우리가 생각하는 그 하나님이며, 우주의 창조자에 대하여 배울 가치가 별로 없다는 생각에 빠지게 된다. 하나님은 거울 속 얼굴이 돼 버린다.

하지만 자비하신 하나님은 우리를 그냥 내버려 두시지 않는다.

진실: "하나님은 당신이 죽기를 바라신다"

의심은 하나님의 죽음이 아니라 우리 자신의 필요를 나타내는 신호다. 우리가 두 주먹으로 꽉 붙잡고 있는 신학을 포기해야 할 필요성 말이다. 우리가 의심할 때 처음에는 소름끼치는 느낌이 드는데, 마치 멀리서 들려오는 교회 공동묘지의 종소리 같다. 그 종소리는 임종이 우리에게 다가오고 있음을 경고해 준다.

하나님은 우리가 죽기를 바라신다. 좋게 표현하면, 하나님은 우리가 죽어야 할 필요에 익숙해지기를 바라신다. 우리는 한 번만 죽지 않고 평생 반복해서 죽는다.

마태복음에서 예수님은 제자들에게 각자 자기 십자가를 지고 자기 목숨을 잃어야 목숨을 얻을 수 있다고 말씀한다.

아버지나 어머니를 나보다 더 사랑하는 자는 내게 합당하지 아니하고 아들이나 딸을 나보다 더 사랑하는 자도 내게 합당하지 아니하며 또 자기 십자가를 지고 나를 따르지 않는 자도 내게 합당하지 아니하니라. 자기 목숨을 얻는 자는 잃을 것이요, 나를 위하여 자기 목숨을

잃는 자는 얻으리라. 마 10:37-39

　예수님은 전통 가족 구조에 반대하시는 게 아니다. 부모나 자식과 관계를 끊고 언제나 예수님 뒤에 바짝 붙어 걸으라는 말씀이 아니다. 자주 그러시듯, 노골적으로 요점을 강조하고 계실 뿐이다.

　하루를 마무리하는 순간, 우리에게 가장 소중한(혹은 소중해야만 하는) 것은 무엇인가? 우리의 불빛이 희미해지기 시작하고 삶의 끝자락에 다다랐을 때, 우리 마음속에 무엇이 남아 있을 가능성이 가장 큰가? 이 지구상에서 누구보다 우리와 가깝게 연결되어 있는 가족이다. 가족이 고통을 겪으면 우리도 고통스럽고, 가족이 죽으면 우리는 완전히 무너진다. 가족이 승리하면 우리도 기쁘다.

　예수님을 따른다는 의미는 말 그대로 가족을 미워하기로 마음먹는 것이 아니다. 예수님의 말씀은, 자기를 따르려면 우리의 가장 기본적이고 달리 의심할 여지가 없으며 최우선 순위를 차지하는 것들, 즉 우리 생각을 포함하여 우리가 고수하는 것들에 대한 총체적 점검이 필요하다는 뜻이다. 가족과 하나님 나라를 맞붙이는 것은 그런 총체적 점검이 얼마나 극단적이고 불편한지를 적나라하게 보여 준다.

　"누구든지 나를 따라오려거든 자기를 부인하고 날마다 자기 십자가를 지고 나를 따를 것이니라." 십자가는 무거운 나뭇조각이다. 대부분의 사람들은, 땀과 피에 젖은 채 매를 맞으면서 못 박히기 위해 자기 십자가를 지고 골고다 길을 힘겹게 올라가는 예수님이 나오는 영화를 지겹게 많이 보았다.

십자가는 무겁다. 그렇다. 그러나 중요한 건 그게 아니다. 우리가 십자가를 짊어지는 것은 단순히 옮기기 위해서가 아니다. 십자가에서 죽기 위해 지는 것이다. 그것이 십자가의 핵심이다.

예수님을 따르는 것은 우리 어깨에 짐을 지는 것과는 다르다. 그분을 따르는 것은 매우 과격하고 고통스러운 내면의 과정이라서 당시 사람들에게 그것을 설명하는 가장 좋은 방법이 십자가였다. 마치 범죄자처럼, 땅에 세운 나무 형틀에 못 박혀서 숨이 멈출 때까지 벌거벗은 수치심과 극심한 고통을 견뎌야 한다.

예수님을 따르는 것은 "예수님은 당신이 성공하여 부자가 되기를 바라신다"는 일부 텔레비전 전도자들의 주장과는 상당한 차이가 있다. 예수님은 우리가 온전해지기를 원하시며, 그러려면 도전에 맞서는 과정이 필요하다.

육신의 죽음은 최후의 내려놓음이다. 사람은 누구나 사랑하는 사람의 죽음을 경험하고, 언젠가는 자신도 죽음을 경험한다. 예수님이 말씀하시는 죽음은 모든 안락과 익숙함, 즐거움과 슬픔, 그리고 그것들이 우리에게 주는 가짜 통제력을 내려놓는다는 의미이다. 이런 것들을 내려놓는 것이 죽음의 과정이다.

예수님의 말씀은 지적으로 정리된 올바른 생각이라기보다는 신비주의자의 말처럼 들린다.

우리는 죽어야 하고, 그 선택은 우리 몫이다. 죽지 않으면 우리는 계속 무언가에 매달리게 된다. 그렇게 계속 집착하다 보면, 예수님을 진심으로 따르지 못한다. 그냥 따라다니거나 우두커니 서 있을 뿐이다.

'아, 하나님, 제가 무슨 짓을 한 거죠? 기독교란 거 참 어렵네요…'(한숨)

사도 바울도 이 말에 맞장구친다.

내가 그리스도와 함께 십자가에 못 박혔나니 그런즉 이제는 내가 사는 것이 아니요, 오직 내 안에 그리스도께서 사시는 것이라.갈 2:20 *

그리스도인의 신앙생활은 그리스도나 윤리, 성경 읽는 법 등에 대한 일련의 신념에 동의하는 것 이상이다. 그리스도인의 삶은 그리스도와 아주 밀접하게 연결되어 있어서 그리스도의 십자가가 우리 것이며, 그리스도의 죽음이 우리 죽음이고, 그분의 삶이 우리 삶이라는 뜻이다. 우리 머리로는 거의 이해할 수 없는 내용이다. 경험으로만 알 수 있는 것, 아니 **경험** 그 자체라고 할 수 있을 것 같다.

* 이 본문의 영문 번역은 바울의 단호하고 다급한 문체를 지나치게 장황하고 매끈하게 번역한 경향이 있다. 원문의 뜻을 좀 더 살린다면 다음과 같다. "내가 그리스도와 함께 십자가에 못 박혔다. 나는 더 이상 살지 않고 그리스도께서 내 안에 사신다."

또 다른 성경 본문에 나오는 대로 사실 우리는 완전히 십자가에 못 박혔다. "이는 너희가 죽었고 너희 생명이 그리스도와 함께 하나님 안에 감추어졌음이라."^{골 3:3} 우리 생명은 감추어졌다. 마치 우리는 상관조차 없다는 듯한 극단적 표현이다. 그리스도와 함께 감추어졌고 하나님 '안에' 있다는 것은, 그리스도인의 첫째가는 의무가 반드시 올바른 생각만을 하는 것이라고 생각하는 누군가의 마음을 충분히 뒤흔들 만큼—그래야 마땅하다—정말로 신비롭게 들린다.

죽음과 십자가, 감추임에 대한 이 모든 이야기는, 우리가 '그리스도인이 되는' 때가 마치 끝이라도 되는 것처럼 일시적 회심의 순간을 묘사하지 않는다. 단 한 번 '예수님을 영접'하기만 하면 끝이라니, 만사가 그렇게 쉽기만 하면 얼마나 좋겠는가. 죽음은 우리가 예수님의 제자가 되는 거룩한 공간에 들어서자마자 동의한 존재 방식, 곧 언제나 통제권을 버리고 죽는 것을 묘사한다.

'오, 하나님, 이 내용을 실천하는 것보다는 글 쓰는 것이 훨씬 쉽네요. 계속 쓰자… 쓰자….'

죽음은 예수님을 따르는 사람들이 단 한 번이 아니라 매일 해야 하는 그리스도인의 존재 방식이자, 일종의 삶의 유형이다. 이것은 우리가 과거의 '정상적' 모습으로 돌아가기 위해 해결해야 하는 문제가 아니다.

선택은 항상 우리 앞에 있다. 바로 지금 여기에서 우리에게 소중한 것, 우리가 아는 것, 익숙하고 안전한 것, 하나님에 대한 우리의 모든 경험을 우리 각자의 모습으로 왜곡하고 구부리는 것, 자신의 흐릿하고 유감스런 자화상에 근거하여 하나님의 모습을 그리는 것을 고수할지 아니면 미칠 것 같은 생각을 내려놓고, 우리 자신을 죽이고, 그분의 때에 그분의 방법으로 하나님이 우리를 다시 살리시도록 할지 말이다.

이것이 바로 바울이 추구한 것이다. 우리가 죽으면, "오직 내 안에 그리스도께서 사시는" 진정한 삶이 가능하다. 하나님과 깊이 연결되어 더 이상 우리가 사는 것이 아니라 우리 삶이 "그리스도와 함께 하나님 안에 감추어"진다.

그리스도와 '함께' 죽으면, 바울이 "죽은 자 가운데 다시 살아난 자"롬 6:1-14라고 부른 새로운 삶을 얻는다. 이것이 좋은 소식, 최고의 소식이다. 우리가 '죽을' 때 하나님은 우리가 죽도록 내버려 두지 않으신다. 우리를 다시 살리신다. 바울의 표현을 빌리자면, "[우리를] 죽은 자 가운데서 살리신다." 우리는 다시 살기 위해 죽는데, 이것은 장례식에서 흔히 이야기하는 미래의 세상 마지막 날에 해당하는 이야기가 아니다. 죽음과 부활은 예수님을 따르는 사람들이 현재에 살면서 하나님을 경험하는 방법이다.

하나님의 '구원'은 성장과 변화, 죽음과 부활의 지속적인 과정이다. 바울은 이것을 "그[하나님] 아들의 형상을 본받는 것"롬 8:29이라고 표현한다. 예수님을 따르는 것은 세탁기를 돌리고 있건, 공과금을 내고 있건, 국가를 이끌고 있건 간에 바로 지금 부활과 승천을 맛보는 경험을 뜻한다.

거기에 도달하는 길은 죽음의 연속이다. 삶에서 매번 마주치는 죽음과 부활의 순환은 그리스도가 '우리 안에' 사시고 우리 삶이 하나님 안에 '감추어지는', 더 깊은 자아에 대한 더 큰 통찰력을 가져다준다.

물론 우리는 죽음과 부활, 내 안의 그리스도, 하나님 안에 감추임, 천국에 앉음, 이런 것들이 다 은유라는 것을 잘 안다. 은유란 흔한 언어를 사용하여 흔치 않은 개념, 곧 평범한 어휘로 표현하기에는 굉장히 심오하고 풍부한 실재를 표현하는 것이다. 예수님을 따르는 것은 겉과 속이 뒤바뀌는 완벽한 변화라서, 죽음과 다시 살아남이 이를 표현할 수 있는 유일하고도 적절한 방법이다.

의심은 이 죽음과 부활의 과정이 현재 진행 중임을 암시한다. 하나님이 먼 곳에 계신 듯 느껴지더라도, 그 순간 하나님은 생각보다 더 가까운 곳에 계실지도 모른다. 특히 '당신이 믿는 것을 안다'는 것이 우리가 신앙에 대해 갖고 있는 익숙한 생각이라면 말이다.

의심은 쿨하거나 유행에 앞서가거나 세련된 것이 아니다. 자존심의 새로운 근거도 아니다. 애써 의심을 구하지도 말고, 적절한 때도 아닌데 의심이 생기도록 유도하지도 마라. 그러나 둘 중 어느 경우에도 의심이 무시무시한 최종 단어는 아니다.

의심은 성스럽다. 의심은 하나님이 사용하시는 도구이다. 하나님의 때에, 당신의 통제를 벗어난 뜻밖의 장소에서 나타날 것이다. 바로 그때, 투쟁-도피fight-or-flight 충동을 억제하라. 시간이 얼마나 걸리든, 끈기 있게, 솔직하게, 담대하게 정면 돌파하라. 진정한 변화에는 시간이 필요하다.

이 과정을 인지한다고 해서 의심의 고통이 줄어들지는 않지만, 마치 곧 죽임당할 적군처럼 의심을 두려워하는 우리의 타락한 본능을 돌아보는 데는 도움이 될 것이다. 오히려 우리를 판단하지 않으리라고 우리가 확신하는 사람들의 지지에 힘입어 우리는 마치 선물처럼 그 과정을 애써 환영한다. 하지만, 우리의 모든 인생 이야기가 사방으로 무너질 때는 그렇게 하기가 쉽지 않다. 하지만 우리는 그 시기를 통해 전도자처럼 **어쨌거나** 하나님을 **신뢰하고** 하나님에 대한 우리의 '올바른' 생각을 신뢰하지 않는 법을 배울 것이다.

의심은 하나님의 엄한 사랑이다. 하나님은 교회에 왔다 갔다 하고 봉사활동을 하는 우리의 피상적 모습만이 아니라, 우리의 전 존재를 소유하고자 하신다. 사람들이 볼 수 있는 부분만이 아니라, 깊숙이 감추어져 아무도 보지 못하는 부분까지 말이다.

우리 자신조차 볼 수 없는 부분까지.

갱도 안에서

시편, 전도서, 욥기 등 성경의 어두운 책들이 귀한 까닭은 그 내용
이 우리 영혼의 어두운 부분과 연관되기 때문이다. 그래서 나는
성경의 이 책들에 다시 한 번 감사를 표하고 싶다. 이 말씀들은
당황스런 순간에 우리가 괜찮은 척하지 않아도 될 권한을 준다.

그런데도 많은 사람이 여전히 아무렇지 않은 척해야 한다고
생각한다.

이런 이들은 평생 특정한 '기독교' 방식대로 세상을 바라보라
고 가르치는 설교와 교훈을 들었다. 그러다가 고등학교나 대학
교에 가서 인생은 훨씬 복잡하고 하나님이 계획대로 일하시지
않는다는 것을 깨닫기 시작한다. 그럴 때 자신이 배운 내용과 눈
앞에 보이는 현실 사이에 거대한 단절이 생긴다. 자신의 신앙은
더 이상 세상사를 설명할 수 있는 설득력 있는 방법이 아니기에
이들은 신앙을 떠난다.

하지만 우리는 순례자이며, 하나님의 부재를 감지한 성경의
다른 순례자들과도 공통점이 많다.

그러고 나서 예수님이 등장하신다. 우리가 여기서 이야기하는 죽음을 예수님은 십자가에서 경험하셨으며, 그 경험은 분명 우리에게 다가오고 있다. 그분은 하나님에게서 버림받으셨다. "나의 하나님, 나의 하나님, 어찌하여 나를 버리셨나이까?"마 27:46 막판 뒤집기는 없었다. 그런 일은 있을 수 없었다.

우리와 마찬가지로, 예수님께도 그 순간이 찾아올 수밖에 없었다. 하나님이 부재중이시거나 숨어 계신 듯 보이는 의심의 시기에, 길을 완전히 벗어난 것처럼 느껴지는 순간에도 하나님의 은혜로 우리는 계속해서 그 여정 가운데 인도된다. 그때 우리는 예수님이 널리 공표하셨던 그 길을 따라 걷고 있는 것이다.

하나님께 버림받은 듯한 느낌은 만사가 순조롭게 흘러갈 때보다 우리를 더 예수님과 닮게 만들기도 한다.

내가 이런 신앙의 과정을 처음 접한 것은 몇몇 친구들이《영혼의 어두운 밤*Dark Night of the Soul*》(아침영성지도연구원)이란 책과 16세기 스페인의 신비주의자, 성 십자가의 요한과 그의 스승 아빌라의 테레사를 소개해 주었을 때였다.[2]

어두운 밤이란 하나님이 나와 동떨어져 멀리 계시는 듯한 고통이 지속되면서, 스트레스와 불안, 좌절, 절망, 우울감을 느끼는 것이다. 나는 이것이 우리가 쿨하게 인정할 수 있는 것보다 더 그리스도인들 사이에서 훨씬 흔한 일임을 알게 되었다. 어떤 사람들은 이런 어두움을 다른 이들에 비해 더 심하게, 오랫동안 경험하기도 한다. 그러나 그 느낌은 똑같다. 이들은 하나님에 대한 친밀감을 잃어버리고 자신에게는 더 이상 '믿음이 없다'고 결론짓는다. 그래서 더욱 절망에 빠진다.

나에게 큰 의미가 있었던 성 요한의 통찰은, 어두운 밤이 하나님의 임재를 보여 주는 특별한 암시라는 말이다. 우리의 가짜 신이 제거되면서 우리는 텅 비게 된다. 우리를 지탱하도록 우리가 고안해 낸 하나님에 대한 익숙한 개념들이 다 사라진다. 어두운 밤은 우리가 우리 삶에 만들어 낸 잡음들을 소거하여 나중에 하나님의 때에 그분 목소리를 들을 수 있도록 준비시켜 준다.

어두운 밤이 우리를 덮쳐올 때, 우리는 하나님께 굴복하고 **어쨌거나** 그분을 신뢰하도록 권면 받는다. 당연히 이것은 굉장히 힘든 일이기에 애초부터 **어두운** 밤이라고 불리는 것이다. 우리는 이 상황을 전혀 통제할 수 없다. 사람은 누구나 통제 가능한 상태를 원하는데, 특히 나처럼 A유형(긴장하고 성급하며 경쟁적이다—옮긴이) 성격의 사람들이 그렇다. 어두움은 우리에게서 통제력을 앗아가는데, 우리는 그것을 매우 싫어한다.

나에게는 공포증이 몇 가지 있는데, 그중 하나를 소개한다.

숲이 우거진 산길을 걷고 있다고 상상해 보라. 당신 앞에 구멍 뚫린 암벽이 나타난다. 갱도이다. 고개를 넣고 보니 선로에 서 있는 텅 빈 광산 열차가 보인다. 광산 열차를 타는 느낌이 궁금한 당신이—그때는 이게 좋은 생각인 것 같다—열차 안으로 들어가자 몸무게 때문에 열차가 앞으로 움직인다.

무슨 영문인지 어리둥절한 사이에 속도가 점점 붙는다. 몇 분도 채 되지 않아 열차가 너무나 빨라져 뛰어내릴 수도 없다. 게다가 이제는 깜깜해져서 아무것도 보이지 않는다. 갱도에 갇힌 당신은 공황 상태에 빠져든다. 이놈의 열차는 어디로 가는 것일까? 당신이 아는 것이라고는 열차가 아래로 내려가고 있다는 사실과 필시 죽게 된다는 것, 이 상황에서 할 수 있는 일이 아무것도 없다는 것이다.

당신은 당신이 '어둡다'고 생각했던 것이 훨씬 더 짙어지고 있음을 이내 깨닫는다. 이런 식으로 점점 빨리, 점점 깊이, 몇 시간처럼 느껴지는 몇 분 동안 무한정 계속 달린다. 그러다 경사면이 완만해지더니 평평한 정거장에 이르러 열차 속도가 느려진다.

이제 당신은 익숙한 지상으로부터 아주 깊이 들어온 동굴 속에 완전히 홀로 있다. 아마 수천 킬로미터 아래일 것이다. 사방이 쥐 죽은 듯 고요하다. 당신의 혈관 속 피가 흐르는 소리를 들을 수 있을 정도로 무시무시한 침묵뿐이다. 말 그대로 외딴 오두막이 반갑게 보일 정도의 '칠흑 같은 어두움'이라 할 만하다.

당신은 방향 감각을 완전히 상실했다. 공간 감각도 사라진다. 벽이 어디에 있는지, 땅의 오르막과 내리막이 어디인지도 모르겠다. 새우처럼 감정이 무디지 않다면 당신은 아마 미쳐 버릴지도 모른다. 공황 발작을 일으킬 수도 있다. '문제없어, 내가 알아서 할 수 있어. 여기 차분히 앉아서 해결책을 찾아볼 거야' 같은 생각은 지금 이 순간 당신 머릿속에 없다.

출구를 찾을 희망은 없어 보인다. 그저 이 안에서 움직일 때 따라올 위험을 감수할지 고민할 뿐이다. 결국 당신은 무릎을 꿇고 앞을 더듬어 본 후, 조심조심 한 방향으로, 그다음에는 반대쪽으로 몇 걸음 옮겨 본다. 오래지 않아 당신은 여기가 어디건 간에, 광활하고 어둡고 평평한 곳이며 아무것도 할 수 있는 일이 없음을 깨닫는다. 누가 손전등 하나만 준다면 당신은 신체 포기 각서라도 쓰고 싶은 심정이다.

당신은 통제 불능 상태이다. 어둠이 **당신을** 통제한다. 어둠이란 그런 것이다.

그렇다. 지금까지는 지어낸 이야기이다. 내 신앙관을 가장 크게 바꿔 놓은 진짜 이야기는 지금부터다.

1975년, 예수회 철학자 존 캐버너John Kavanaugh는 인도 콜카타에 있는 임종자의 집Home for the Dying에서 테레사 수녀와 함께 석 달간 일했다.[3] 그는 자신의 영적 번민에 대한 해답을 찾고 있었다. 첫날 아침, 그는 테레사 수녀를 만났다.

"제가 무엇을 도와드릴까요?" 테레사 수녀가 물었다.

캐버너는 자신을 위해 기도해 달라고 부탁했다.

"제 생각이 명료해지도록 기도해 주십시오." 그는 이것이 완벽하게 합리적이면서도 겸손한 요청이라고 생각했을 것이다. 애당초 그가 수천 킬로미터를 여행하여 인도에 온 것도 바로 그 이유에서였다.

"아뇨, 그런 기도는 하지 않겠습니다."

캐버너는 이유를 물었다.

"명료성은 신부님이 가장 집착하지 말아야 할 것이므로 반드시 내려놓아야 합니다."

"하지만 수녀님은 언제나 명료하신 듯한데요."

테레사 수녀는 웃음을 터뜨렸다. "저는 명료성과는 거리가 멉니다. 제게 늘 있었던 건 신뢰지요. 그러니 신부님이 하나님을 신뢰할 수 있게 해 달라고 기도해야겠어요."

이 유명한 이야기를 처음 읽었을 때, 나도 명료성이 부족한 상태였고 하나님은 내 삶에 보이시지 않을 때였다. 나도 존 캐버너처럼 '집착하는 사람'이었다. 생각이 명료해져서 문제를 진단하고 해결한 후 앞으로 나가고 싶었다.

명료성을 바라는 것은 일종의 통제력을 추구하는 것이다. 갱도에서 손전등을 원하는 것처럼 말이다. 내가 원하는 건 '그게 전부'이다. 항상 필요하지도 않다. 정말로 필요한 때에만 있어도 내 위치를 파악할 수 있다. 이 어두운 밤을 다스릴 수 있다. 단, 내 방식대로 말이다.

그러나 이것은 바로 그 어두운 밤이다. 당신에게 방위 따위는 알려 주지 않는다. 아직 방향 감각이 있다면 어두운 것이 아니다.

어둠은 통제권, 곧 토머스 키팅Thomas Keating[4]을 비롯한 이들이 '자아ego'라 부른 것을 앗아간다. 이 자아는 우리 삶을 책임지고 싶어 하는 우리의 일부분이다. 삶에 집착하고 싶어 하는 부분이다. 그러나 예수님은 우리의 모든 부분, 특히 통제력을 유지하기 원하는 부분이 죽어야 한다고 말씀하신다.

어둠은, 우리가 통제할 수 있다는 생각이 환상임을 드러내 주어 우리에게 은혜를 베푼다. 모든 것이 제거되면 "제가 여기서 되찾을 수 있는 통제권은 뭘까요?"라는 적극적인 질문이 결국 그치고 이런 애원으로 대체된다. "주님, 제가 통제력을 내려놓을 수 있도록 도와주세요. 제가 죽을 수 있게 도와주세요. 제가 신뢰할 수 있게 도와주세요."

나는 이 선택이 그리스도인의 신앙생활을 함축해서 보여 준다고 생각한다. 이 선택은 정말이지 너무나 어렵다. 그러니 누군가 당신에게 기독교란 목발 같은 것이라고 말한다면, 그 목발 중 하나로 그 사람 머리를 때려 주어야 한다(물론 그리스도인의 사랑으로 그들에게 빠른 회복을 위해 기도하겠다는 말도 잊지 말자).

잘 알겠지만, 그 광산 열차가 저절로 굴러가지는 않았을 것이다. 어쩌면 하나님이 슬쩍 건드리신 건 아닐까.

그러니 터놓고 이야기해 봅시다

의심에 사로잡힌 것 같아서, 일관성 있게 행동하지 못한 것 같아서, 친구나 다른 성도처럼 행복한 그리스도인이 못 되는 것 같아서 죄책감에 시달리고 있다면, 테레사 수녀의 말에 귀 기울여 보자. 테레사 수녀의 일기를 보면, 대략 1948년부터 1997년 임종이 가까울 무렵까지 어두운 밤을 통과하고 있었다.

자기를 희생하면서 행했던 그 모든 고상한 일 덕분에 테레사 수녀는 〈새터데이 나이트 라이브〉의 풍자극이나 〈데일리 쇼〉에서 굴욕 대상으로 삼지 않은 몇 안 되는 종교 지도자 중 한 사람이었다. 아마도 그 긴 어두운 밤은 (**그럼에도 불구하고** 계속해서 앞으로 나아갔던) 그녀의 삶이 이성적으로 설명할 수 없는—만약 누군가 이성적으로 설명하려 든다면 분명 바보처럼 보일 것이다—매우 심오한 신뢰 행위가 되도록 자극했을 것이다. 그 결과는 최근 역사에서 예수 운동Jesus Movement을 지적하는 것만큼이나 명백하다. 테레사 수녀는 명료성이나 확신이 아니라, 하나님에 대한 신뢰를 배웠다. 그리고 그런 신뢰는 테레사 수녀의 주변 사람들에게 막대한 영향을 미쳤다.

나는 이런 말을 많이 들어 보았다. "내 뜻을 내려놓고 하나님 뜻에 맡깁니다." 혹은 어느 찬송가 가사처럼 "내게 있는 모든 것을 아낌없이 드리네." 그런데 '내려놓는' 것과 '모든 것을 드리는' 것은 우리가 예상한 것 이상일 수도 있어서, 우리 혼자서 손쉽게 벗어날 수 없거나 심지어는 시도조차 할 수 없는 것인지도 모른다. 다시 말하지만, 우리는 성경에서 기둥에 못 박아 서서히 숨이 멎을 때까지 내버려 두는 것으로 묘사한 심오한 변화에 대하여 이야기하고 있다. 자아는 조용히 숨을 거두지 않는다. 우리는 자진해서 어두운 밤 속으로 걸어 들어가지 않는다.

내려놓지 않을 때, 무언가의 통제를 벗어나려 하지 않을 때, 테레사 수녀의 말처럼 우리가 무언가에 '집착할' 때, 아마도 그때가 하나님이 친절하게 불을 끄고 사방을 어둡게 하시는 때일 것이다. 하나님은 우리를 반대하셔서가 아니라 우리를 위하시기 때문에 불을 끄신다.

우리가 통제를 벗어날 때, 그제야 하나님이 우리에게─우리 안에 켜켜이 쌓아 두었던 그 모든 신학적 담론을 이용하지 않고─말씀하실 수 있다. 하나님은 우리를 통제 불능 상태로 몰아가셔서, 우리로 하여금 우리가 무엇을 믿는지 알고자 하는 집착이 아니라 신뢰하는 법을 배우게 하신다. 이것이 **믿음**과 **신앙**의 익숙한 의미들은 도달하지 못하는 존재의 심오한 상태다.

신뢰하라.

신뢰란 잠언 3장 5절에서 보듯이 나를 내려놓고 자기 명철이 아니라 하나님을 의지하는 법을 배우는 것이다. 그러면 우리의 집착과 두려움에서 벗어나는 진정한 해방을 조금이나마 맛보고, 자유롭고 기쁘게 살 수 있다. 이것이 그리스도인의 여정이며 현재의 부활이다.

어두움 없이는 그리스도인의 삶에서 만족을 얻을 수 없다. 죽음만이 부활로 가는 유일한 길이요 하나님을 알 수 있는 유일한 방법이다. 지름길은 없다. 예수님이 친히 우리에게 본보기가 되신다.

우리 신앙에 의심이 들어설 여지가 없다면, 결국 우리에게 남은 종교란 인생에서 직업이나 취미 같은 것들이 차지하는 위상과 별 차이가 없다.

의심은 우리가 그 지경에 이르지 않도록 우리를 도우시는 하나님의 방법이다. 비록 그 길이 험하고 멀지라도 말이다.

깊은 바다가 서로 부르며 주의 모든 파도와 물결이 나를 휩쓸었나이다. 시편 42:7

너희는 마음에 근심하지 말라.
하나님을 믿으니 또 나를 믿으라. 요한복음 14:1

8. 신뢰하는 습관 기르기

그런 시절을 경험한 적이 있는가?

물론이다. 내 경우에는 사십 대를 보낸 2000년대였다.

인생은 무방비 상태인 내게 다가온다, 신속하고 빈번하게. 힘
든 시기였지만, 나 자신에 대해 배워야 할 것들을, 내가 알 수 있
을 것이라 생각했던 이상으로 많이 배웠다. 나는 하나님을 신뢰
하는 것과 내 생각대로 하나님을 통제하는 것의 차이에 눈뜨기
시작했다.

내 이야기를 하려면 먼저 우리 딸 엘리자베스 이야기를 간단
히 해야 한다. 내가 아니라 당사자인 리즈(엘리자베스의 애칭)가
해야 하지만,[1] 딸아이는, 그 이야기의 문을 살짝 열어 아버지이자
남편이자 교수인 한 남자가 사십 대에 배운, 10년만 더 일찍 배
웠더라면 좋았을 것들을 설명해도 좋다고 허락해 주었다.

리즈는 태어날 때부터 강하고 외향적이며 모험심이 많고 깜찍
하고 엄청나게 재미있었다. 하지만 여덟 살 무렵부터 두려움이
많아져서, 위험을 무릅쓰고 늘 하기 좋아하던 일들을 하지 않으
려 했다. 얼마 안 있어 우리는 그 증상이 '불안'이라는 것을 알게

되었다. 그 후로 몇 년간은 힘들었다. 아내와 나는 그 불안이 무엇이고 어떻게 대처해야 할지 전혀 모른 채 주먹구구식으로 대응하고 있었다.

지금에 와서 변명을 하자면, 나는 딸을 '고치는' 데만 온통 정신이 팔려 있었다. 의도는 고상했다. 딸아이를 구하고 싶었다. 하지만 리즈의 불안증이 내 불안을 끄집어냈다는 것을 나중에야 깨닫게 되었다. 나는 리즈를 고쳐서 나 자신을 달래 보려 기를 쓰고 있었던 것이다. 그런 역학 관계는 모든 이의 상황을 악화시킬 뿐인데, 당시에 나는 그에 대한 자각이 전혀 없었다.

살면서 대부분의 시간은 내 불안을 은폐할 수 있었다. 그러나 '인생이 꼬였을 때', 특히 자녀 문제에서 그렇게 통제 불가능한 상황이 닥쳤을 때 통제하려 하다가는 당신 세상은 혼돈에 빠져 감당할 수 없게 된다. 순식간에 당신은 압도당한다. 그 상황을 간단히 말하자면, 리즈가 여덟 살 무렵부터 열일곱 살이 될 때까지 나는 정서적으로 미숙했고 그래서 눈치만 살살 보았다. 나는 리즈의 불안을 통제할 수 없어서 더 불안해졌다. 악순환이 반복되었다. 내 사고방식이 나에게 준 타격은 몇 년 후에야 나타났다.

열여섯 살이 된 아이는 훨씬 더 크게 불안을 느꼈는데, 여러 증상 중에서도 특히 거식증 초기 증상을 보였다. 수많은 검색과 통화와 면담을 거친 후, 우리는 마침내 부모로서 가장 어려운 결정을 내리기에 이르렀다. 한동안 가족과 떨어져 지내는 것이 리즈에게는 최선이었기 때문이다. 리즈는 8주 동안 조지아주 산간 지역에서 산림 치유 프로그램에 참여한 후 애리조나주 치유 기숙학교에서 지낼 예정이었다. 둘 다 우리 가족에게는 생소한 개념이었다.

한편으로 나는 리즈가 도움을 받을 수 있는 환경으로 가게 되어서 무척 안도했다. 내가 리즈 주변을 맴돌아 봤자 아이에게 좋을 게 없었고, 내게도 해로웠다. 반면에, (면회 금지라서) 아이를 관찰할 수 없는 숲속으로 아이를 보내 생활하게 하는 것은 아내나 나에게 가슴 아프고 두려운 일이었다. 그러고 나서 애리조나 기숙학교로 간다니?! 그럴 바엔 차라리 시베리아로 보내는 게 나을지도 모르겠다는 생각을 했다.

그러나 그렇게 집을 떠나 지낸 총 16주의 시간은 리즈와 우리 가족 모두를 회복시켜 주었다. 사실 고침 받은 사람은 아무도 없었다. 애리조나에서 정기적으로 가족 치료를 받는 기간 동안, 나는 남을 고친다는 그런 개념을 완전히 없앴다. 이제껏 내가 만난 사람들 중에 가장 동정심 많고 숙련된 사람들 덕분이었다. 그렇게 우리 모두는 회복으로 가는 길에 있었다. 상황이 조금씩 나아지면서 우리 모두는 힘을 얻었다.

그렇게 힘들고 외로운 길을, 그것도 오랫동안 여행하면서 리즈는 엄청난 영적 통찰을 얻었다. 딸아이는 자기 삶에 대해 알고 있는 모든 것을 박탈당할 때 필요한 것은 하나님에 대한 어린아이 같은 신뢰뿐이고 그것으로 충분하다는 사실을 몸소 체험했다.

나는 리즈를 보면서 기쁘고 안심이 되었다. 우리 둘 모두 안도

했다. 내가 보기에 리즈는 회복되었고 우리의 문제들도 다 지나 갔다.

그러나 완전히 끝난 것이 아니었다. 그다음으로 내가 하나님 의 작업 명단에 올라 있었다는 것은 전혀 몰랐다. 나는 애리조나 로 막 여행을 떠날 참이었다.

당당하게 살기

리즈가 조지아주로 떠나기 한 달 전쯤, 나는 아들 에릭의 대학 야구부 전지훈련에 동행했다. 평생 그리스도인으로 살아온 내게 야구 시즌은 교회력과 가장 비슷해 보였다. 고대 이스라엘의 교회력과 마찬가지로 야구 시즌도 3월에 시작한다(야구 시즌이 보리 추수와는 관계가 없긴 하지만 말이다).

아, 내가 전지훈련을 애리조나로 떠났다는 말은 했던가?

당시에는 알지 못했는데, 나는 이레 동안 여덟 경기를 관람하는 한편, 몇 주 뒤부터 14개월 간 리즈가 머물게 될 지역을 살펴볼 예정이었다.

전지훈련을 떠나기 전, 아내와 나는 리즈가 곧 집을 떠나야 한다는 것을 알고 있었고 리즈도 그 사실을 알았다. 리즈는 다른 건 그만두고 노란색 리브스트롱 팔찌Livestrong bracelet(암 투병 환우를 지원하기 위해 판매하는 팔찌—옮긴이)를 사다 줄 수 있느냐고 물었다(팔찌의 고안자인 랜스 암스트롱의 스테로이드 파문이 있기 전 일이다). 쇼핑몰에 들를 시간은 충분했고, 팔찌 구입은 리즈를 기분 좋게 해 줄 수 있는 일이었다. 그런데 운이 없었다. 팔찌를 파는 곳이 한 군데도 없었던 것이다. 당시에 그게 얼마나 '핫'한 물건이었는지 생각하면 참으로 이상한 일이었다.

리즈는 괜찮다고 했지만, 나는 아이가 힘의 상징 같은 것을 몸에 지닐 수 있었으면 했다. 리즈가 상징물을 원한다는 것 자체가, 아이 스스로 용기를 얻을 방법을 찾고 자신의 삶을 살기로 결심했다는 일종의 암시였다.

그 주 후반에 야구부 선수들과 부모들은 인심 좋은 대학 동창 둘이 베푼 수영장 야외 파티에 참석했다. 나는 사람을 쉽게 사귀는 편이어서 파티를 주최한 존이 햄버거를 만들고 있는 와중에 대화를 트게 되었다. 그가 양념을 집으려고 팔을 뻗었을 때, 전방 60센티미터에 있는 그의 손목에서 내가 무엇을 보았을까? 그렇게 찾아 헤맨 노란 리브스트롱 팔찌가 깃발처럼 흔들리고 있었다.

내 눈을 믿을 수가 없었다. 이런 뜻밖의 행운이.

'이 사람은 저걸 어디에서 구할 수 있는지 알고 있을 거야. 어쩌면… 아냐, 말도 안 되지… 하지만 어쩌면 여벌로 하나 더 가지고 있을지도 몰라. 이런 바보 같은 생각을 하다니. 노란 리브스트롱 팔찌를 여벌로 가지고 다니는 사람이 어디 있을라고?!'

하지만 내가 난생처음 방문한 주에서 만날 수 있는 수많은 낯선 사람들 가운데서, 하필 존이 내가 피닉스 시내 전체를 샅샅이 뒤지며 찾아 헤맨 것과 완전히 똑같은 팔찌를 차고 있었다.

'애리조나에 며칠 더 머물 테니까 팔찌 하나 살 시간은 충분해. 어디 가면 살 수 있는지 존이 알려 주겠지.'

이런 생각만으로도 등골이 서늘해지는 것을 느꼈다. 뭔가 큰일이 벌어질 듯한 감이 왔다.

"리브스트롱 팔찌를 하고 계시네요."

"하나 드릴까요?"

(잠시 침묵. 정신이 멍했다.)

"큰 봉투 한 가득 이 팔찌가 있거든요. 몇 개 드릴 수 있어요."

봉투 한 가득이라니. 내 노력은 달랑 한 개가 아니라 넘치도록 많은 팔찌를 만들어 냈다.

존은 내가 요청하지도 않았는데 답을 주었다. 실제로 나는 질문을 하지도 않았다.

언뜻 보기에는, 사회적 관습이 용인하는 규칙에 따라 나는 그저 예의 바르게 한담을 나누고 있었다. "이야, 이 운동기구 마음에 드네요. 이 차는 몇 년 식인가요? 이 멋진 그릴은 언제 설치하신 거죠?"

존은 사교적으로 적절한 수많은 대화 중 한 가지로 대답했어야 했다. "네, 저도 팬입니다", "암에 걸린 친구를 후원하는 거예요", "이 팔찌는 몇 년째 차고 있는 거랍니다" 같은 것들 말이다.

그런데 "네, 친구가 암에 걸려서 전 항상 이 팔찌를 차고 있죠. 아, 하나 드릴까요? 모금 행사에서 사용하고 남은 팔찌가 한 무더기 있거든요" 같은 중간 단계 설명도 없이, 참으로 뜬금없이 그는 그냥 이렇게 물었다. "하나 드릴까요?"

나는 그저 말만 했을 뿐인데 마치 내 청을 듣기라도 한 것처럼 말이다.

마치 하나님이 이렇게 말씀하시는 것 같았다. "가라, 피터. 존에게 질문은 내가 직접 하겠다."

"그러세요." 내가 할 수 있는 말은 그뿐이었다.

나는 감정적으로 완전히 무너진 상태였지만 애써 버텨야 했다. 무릎에 힘이 빠지는 것 같아서 몇 미터 앞에 있는 의자에 앉아 눈물을 참기 시작했다. 주변에서는 파티가 계속되고 있었지만 나 홀로 나만의 세계에 앉아 있었다. 꿈의 터널 안에 있는 것처럼 주변이 흐릿하게 변하는 초현실적 상태 같았다. '지금 무슨 일이 일어난 거지?'

고무 팔찌 하나. 얼마나 하찮은 물건인가. 하지만 나는 하나님의 임재를 느꼈다. 이성은 무시한 채, 내가 지식을 저장해 두기 좋아하는 내 머리가 아니라 전인격으로, 내 두려움과 절망 한가운데서도 나는 사랑 받고 기억되고 있음을 '알았다.' 나는 희망으로 부풀어 올랐고, 이 작은 체험은 내가 계속 버틸 수 있을 만큼, 딱 그만큼의 격려가 되었다. 리즈는 내가 해결해야 할 문제가 아니며 그런 생각을 떨쳐 버려야 한다는 것, 하나님께 내 딸을 의탁할 수 있어야 함을 깨달았다. 바로 이 순간이 통제력을 내려놓고 신뢰하는 습관을 기르는 시작 단계였음을, 나중에 내가 좀 더 확실히 이해할 수 있게 되었을 때 알게 되었다.

나는 그날 저녁 애리조나에서의 일을 곰곰이 생각해 보았다. 그러나 이 책을 쓰면서도 내 안의 회의론자는, 그건 무한한 가능성을 지닌 우주에서 어쩌다 한 번 일어나는 우연에 불과하다고, 내 심신이 경험한 하나님의 임재는 두뇌 속 뉴런을 통과하는 화학물질 때문이라고(이것을 하나님의 순간으로 해석한 것이다) 말한다. 나도 확증 편향이 뭔지는 잘 안다. 확증 편향은 자신의 선입견을 확증하는 방식으로 정보를 검색하거나 해석하려는 성향을 말한다. 내 학문적 사고방식은 첫눈에 사태를 받아들이지 않는 것, 혹은 그렇게 했을 때 적어도 죄책감을 느낄 만큼은 충분히 아는 것에 맞추어져 있다.

나는 하나님이 나를 위해 이 야외 파티에 나타나셨다는 생각이 얼마나 이기적인지 많이 생각해 보았다. 그러나 종교적 극단주의자들이 살인과 강간, 납치를 일삼으며 이 마을 저 마을을 다니는데도 하나님은 아무것도 하지 않으신다. 내 설문 조사에 응답해 준 사람들도 떠올랐다. 그들은 수년간 쉼 없이 기도했는데도 안도감을 얻지 못하는데, 내가 이것을 하나님의 순간이라고 해석하려 한다면 이들이 어떻게 반응할지 생각해 본다.

그런데 말이다.

《나니아 연대기》에서 아슬란이 샤스타에게 하는 이야기가 생각난다. "얘야, 나는 그 애 얘기가 아니라 네 얘기를 하고 있는 거란다. 누구나 자기 얘기만 들으면 되는 거야."[2]

우주라는 거대한 계획 안에서 이것이 어떻게 모두 잘 맞아떨어질 수 있는지 나는 **알지** 못한다. 그것을 설명하거나 무슨 일이 일어났는지도 **확신할** 수 없다.

하지만 어떤 면에서는 그것이 정확한 요점이다.

내 신앙 여정에는 헌신하기에 앞서 아는 것을 **먼저** 내려놓는 것, 모든 문제를 해결하려는 욕심을 **먼저** 내려놓는 것이 필요하다. 내 경우에 내려놓는 법을 배우는 데 가장 중요한 부분은, 내 경험이 지배적인 지적 구조—내 합리적 사고가 실재와 실재가 아닌 것에 대한 최후의 결정권자로 왕좌를 차지하고 있는 곳—에 들어맞을 수 있는지, 들어맞는다면 어떻게 그럴 수 있는지 여부를 신경 쓰지 않는 것이다.

그래서 나는 여기에서 그 누구도 아닌 바로 나 자신의 이야기를 해 볼까 한다.

9년이 지난 지금까지도, 애리조나에서의 경험을 털어 내지 못하고 있다. 그 기억을 떠올리면 그때의 감정이 되살아나면서 다시 그 기분을 느끼게 된다. 그 절묘한 타이밍과 말도 안 되는 대화 내용도 떨쳐 버리기가 힘들다.

나는 이것이 하나님의 순간이라고 받아들일 만큼 충분히 하나님을 신뢰하기로 했다. 하나님의 순간은 내 이해력이나 분석력을 늘 초월할 것이다. 다른 종류의 지식을 받아들이기로 한 것이다.

난생처음, 신뢰라는 것이 내가 길러야 할 습관이라고 이해하기 시작했다. 나는 신학 학위와 구약학 박사 학위가 있는 신학교 교수로, 아내와 십 대 자녀 셋을 둔 사십 대 중반이었다. 이제부터는 하나님을 신뢰하는 법을 배워야 할 차례였다. 하지만 이건 내 이야기이다. 나를 너무 가혹하게 비판하지 말기를. 아슬란의 말을 기억해 주기 바란다.

그날 나는 존에게서 팔찌를 다섯 개 얻었다. 가족 한 사람당 하나씩이었다. 나는 리즈가 애리조나의 학교에서 집으로 돌아오고 나서 한참이 지나도록 그 팔찌를 지니고 있었다. 그렇게라도 기억하려 했다. 세월이 흐르면서 팔찌는 끊어져 두 동강이 났지만, 나는 책상 옆 작은 접시에 잘 놓아 두었다. 이 이야기를 쓰고 있자니 팔찌를 테이프로 붙여 봐야겠다는 생각이 든다. 그렇게 하면 더 자주 들여다볼 수 있을지도 모르겠다. 나는 나만의 하나님의 순간을 가까이에 두고 싶다.

2008년 8월 1일

당시 나는 집안에서 10년 가까이 스트레스를 받는 것으로 모자라, 직장에서도 심각한 스트레스 요인을 마주하고 있었다.[3] 신학교 교수로 지낸 14년 임용 기간이 끝을 향해 가는 듯 보였다. 적어도 일부 사람들은 그렇게 하기로 마음먹은 것 같았다.

있는 그대로 이야기하면, 신임 교수를 포함한 일부 동료 교수들이 1년쯤 전부터 교수진과 행정 조직을 완전히 바꾸는 조치를 시작했고, 이는 잘 준비된 움직임처럼 진행되었다.

2005년 여름, 나는 12년간 강의실에서 별 탈 없이 가르친 내용을 거의 그대로 정리하여 책으로 출판했다. 그런데 이제, 그 견해들이 일부 사람들에게는 학교의 이념적 한도를 위반하는 '논란의 여지가 있는' 내용이 되어 버렸다. 그 결과, 나는 3년 가까이 의심의 눈초리를 받았고, 내 연구 내용을 '논의하기' 위해 정기 교수 회의가 열릴 지경에 이르렀다. 시간이 갈수록 논의 결과는 점점 더 자명해졌고, 교수 임기는 얼마 남지 않았다.

당신의 머리를 도마에 올리려고 온갖 노력을 기울이는 사람들을 매일 마주하는 환경에서 일해 본 적이 있는가. 당신이 그곳에 없기를 바라며 그 목적을 달성하기 위해 엄청난 노력을 기울이는 사람들과 함께 날마다 회의를 해야 한 적이 있는가. 그렇다면, 당신은 내가 겪은 감정을 이해할 것이다.

생계 수단이 끊어지는 것만으로도 충분히 힘든데, 내 경우에는 가정과 직장이 정확히 동시에 혼란에 빠져들었다. 내가 감당하기에는 너무 버거운 상황이었다. 점차 그 사실을 깨닫게 되었다는 것이 아마도 핵심일 것이다.

설상가상으로 그 와중에 아버지가 돌아가셨고, 홀로 남은 어머니는 나를 무겁게 짓누르는 부담이었다. 그런데 소중한 동료이자 친구요 스승이었던 어머니조차 리즈가 조지아주로 떠나기 몇 주 전, 병환으로 쓰러지시고 말았다.

모든 일이 불안한 리듬을 타고 스위스 시계처럼 정확하게 동시다발로 터졌다. 직장과 가정의 스트레스 파도는 정확히 동시에 천장과 바닥을 쳤다. 아침이면 진정한 위기 상황에 빠진 가정을 뒤로 하고 정말 가고 싶지 않았던 사무실에 꾸역꾸역 출근했는데, 나를 기다리는 것이라고는 내 직업의 종말이 눈앞에 닥쳤음을 암시하는 이메일이나 소문뿐인 날들이 계속되었다.

그런데 이게 끝이 아니라 그야말로 첩첩산중이었다. 다양한 높이의 파도가 끊임없이 밀려오는 바람에 나는 잠시도 숨 돌릴 틈이 없었다. 수면으로 올라올 기회가 거의 없었다. 좋은 날은 고사하고 평범한 날도 하나 없었다. 나쁜 날이 날마다 조금씩 모습을 달리해서 나타날 뿐이었다. 가정과 직장이라는 두 세계가 타이밍을 정확히 맞추려고 아침마다 직원회의라도 하는 듯, 양쪽의 스트레스 요인이 협력하고 있는 것 같았다.

너무 버거웠다. 정서적으로(잠시 항우울제의 도움을 받았다), 금전적으로(산림 치유 프로그램과 기숙학교는 비용이 많이 들었다), 육체적으로(먹는 것으로 스트레스를 풀다 보니 살면서 처음으로 몸무게가 늘었다) 완전히 고갈되었다. 나는 새로운 지평에 있었다. 내 친구 하나는 내가 왜 알코올 의존증을 보이지 않았는지 진심으로 궁금해 했다.

어머니는 전화 통화를 할 때마다 이렇게 말씀하시곤 했다. "피터, 이 문제는 하나님께 맡겨야 한다. 내 말은 이 문제를 **정말로** 하나님께 맡기라는 거다." 하지만 아직은 그 말을 귀담아 들을 준비가 되어 있지 않았다. 이론적으로는 그 생각에 꼭 반대하지 않았지만, 당시로서는 하나님을 신뢰하는 것이 주제에서 벗어나는 일 같았다. 딸과 가족을 하나님께 맡기는 법을 배우기 시작했지만, 정작 내 인생은 그러지 못했다. 나는 이 상황을 스스로 해결하려 했고, 이제부터는 생존 모드에 돌입했다. (오케이, **이제는** 나를 마음껏 판단해도 좋다.)

하지만 여전히 나는 갱도 속으로 출발하려는 광산 열차에 올라타 있다는 사실을 잊을 만큼 충분히 자각하지 못하고 있었다.

2년이 지나서야, 나(와 다른 많은 사람들)는 분명히 알 수 있었다. 아무리 회의를 많이 하고, 비판이나 공격을 멈추기 위한 다른 모든 조치를 취하려 애쓴다 해도 공기 중의 피 냄새는 사라지지 않고 상황은 더 악화될 뿐이라는 것을. 2008년 1월, 아직 리즈가 애리조나에 있었을 때, 나는 뻔한 결론이 나오는 과정을 겪느니 차라리 내가 전권을 쥐기로 결심했다. 사려 깊은 조언을 받았고, 변호사를 선임하여 한때 내가 무척 자랑스러워했던 신학교와의 법적 분리를 위해 움직이기 시작했다. 리즈가 태어나기 전부터 학생으로 지냈고, 리즈가 유치원에 입학한 이후로는 죽 교직원으로 일했던 곳이었다.

이 결심은 압박감을 크게 덜어 주었지만, 그 후 두어 달간 학교 측은 다른 구실을 찾으려고 노력했다. 내가 사직 의사를 알렸음에도, 3월에 소집한 특별 이사회에서는 나를 정직시키기 위한 투표를 진행했다. 나는 회의에 불참하고, 가족과 함께 리즈를 만나기 위해 애리조나로 장기 여행을 떠났다.

내 사건은 ('엔즈 논란'이란 별칭을 얻으며) 세인들의 시선을 끌었고, 그런 상황은 펌하되고 왜곡된 내 감정에 더욱 악화된 수치심까지 더해 주었다. 대부분의 교수들이 나를 지지해 주었지만 주도면밀하게 추진되고 있는 절차를 막기에는 역부족이었다. 내가 주도한 몇 달간의 막후 협상 끝에, 5월에는 퇴직금에 대한 합의가 원칙적으로는 이루어졌다.

이제 남은 일은 여러 세부 사항을 결정하고, 공식 퇴임 일자를 결정하는 것뿐이었다. 결국 8월 1일로 정해졌다. 회계연도가 시작되는 7월 1일이 될 수도 있었겠지만(그 편이 훨씬 이치에 맞다)

세부 정리가 예상보다 늦어졌다. 아무렴 어떤가.

협상을 벌인 그 몇 달간, 리즈도 애리조나에서의 마지막 시간을 향해 열심히 달려가는 중이었다. 리즈가 다닌 학교는 정해진 졸업 날짜가 없었기 때문에 학생들이 아무 때나 입학하여 각기 다른 속도로 과정을 수료한다. 학생 수가 어느 정도 채워지면 졸업생들을 함께 모아 졸업식을 치른다. 그렇게 수많은 과정이 한꺼번에 돌아가고 있어서 졸업식 일정을 일주일, 혹은 그 이상 일찍 잡기가 곤란하다.

7월 초가 지나 7월 중반이 되었고, 졸업식 날짜가 잠정적으로 정해졌다가 취소되었다. 그러다가 최종적으로 결정된 날짜가 8월 1일이었다. 우리는 달력에 표시를 하고 평소처럼 항공편을 예약했다.

나는 두 일의 연관성을 바로 알아채지 못했다. 내 관심의 99.5퍼센트는 직장이 아니라 긴 치유 여정을 마친 딸아이를 집으로 데려오는 데 집중되어 있었다. 그러다가 불현듯 이 두 사건의 기묘한 연관성이 떠올랐다. 평탄치 않은 리즈와 내 여정이, 수년간 절묘하게 얽혀 있던 각각의 부침이 그 끝을 향해 가고 있었다. 정확히 같은 날 시작될 새로운 삶과 더불어.

1년 365일, 각기 다른 두 이야기가 이 나라의 양끝에서 펼쳐지다가, 그날에 하나로 수렴되었다. 1년 반 전, 존의 야외 파티에서 느꼈던 그런 기분이었다.

애리조나에서 리즈의 졸업생 대표 연설을 들으며 앉아 있으려니 두 이야기가 하나로 수렴된 것이 더 실감났다. 하나님의 충만한 임재를 느끼며 감사한 마음을 가눌 길이 없었다. 이 감사는 오로지 은혜를 받음으로써만 누리는 감사함이었다. 두 힘겨운 여정의 어느 한 순간도 내가 세세히 간섭한 적이 없었는데 이처럼 나란히 끝을 향해 오다니. 이해할 수가 없다. 나는 정말로 우주를 통제하지 않는다.

우리 가족은 두려움의 노예였던 과거와 달리, 지난 몇 달 사이 뿌려진 신뢰의 씨앗을 경작함으로써 과거를 청산하고 앞으로 나아가라는 허락을 받았다.

자기 생각만 고집하지 않으면서도 그것을 존중하기

이스라엘 민족이 미스바에서 블레셋을 물리쳤을 때 사무엘 선지
자는 돌을 취하여 "미스바와 센 사이에 세워 이르되 여호와께서
여기까지 우리를 도우셨다 하고 그 이름을 에벤에셀"삼상 7:12이라
고 했다. '에벤에셀'(스크루지의 이름은 에버네저Ebenezer다—옮긴이)
을 구두쇠 스크루지의 이름으로 아는 사람도 있을 것이다. 그러
나 히브리어로는 '도움의 돌'이라는 뜻이다. 사무엘은 전쟁터에,
기념물 곧 하나님의 도우심을 일깨워 주는 물리적 상징으로 이
돌을 가져다 놓았다.

우리 모두는 살아가면서 이런 에벤에셀이 한두 개쯤 필요하
다. 나도 마찬가지이다. 우리가 들먹일 수 있는 무언가가 필요하
다는 말이다.

어렸을 때(내 기억이 맞는다면 중학교 때였던 것 같다) 샌드위치를
하나 만들어 빵 봉투에 넣고 묶은 다음, 1미터쯤 떨어져 있는 조
리대 위에 던진 적이 있다. 제2차 세계대전 중 폴란드와 독일에
서 어린 시절을 보내며 잘 먹지도 못하셨던 어머니는 슬픈 눈으

로 나를 바라보며 이렇게 말씀하셨다.

"음식을 집어 던지면 하나님은 우신단다."

"아무 소리도 안 들리는데요."

"네가 듣지 않고 있는 거겠지."

어쩌면 우리의 에벤에셀이 저기에 있는데 모를 수도 있다, 그것을 알아차릴 수 있도록 우리가 좀 더 귀를 기울여야 하는지도 모르겠다. 에벤에셀은 부드럽고 조용하게, 다른 것들과 섞인 채 매일의 순간 속으로 찾아오는지도 모른다. 자주 오지는 않을 것이다. 하지만 우리가 가진 것이 기억뿐일 때, 에벤에셀은 우리가 더 오랜 기간 버틸 수 있게 해 준다.

하나님을 경험하는 것은 중요하다. 우리가 간절히 의지하고자 하는 바로 그 합리적 능력에 저항하는 그런 신성한 순간들 말이다. 그런데 나와 내 가족이 고군분투했던 그 시간 동안, 나는 하나님에 대한 생각을 정렬하는 데 전념하지 않았다. 그럴 시간도 없었을 뿐더러, 있었더라도 마찬가지였을 것이다. 살아남을 궁리에 바빴으니까.

내려놓아야 했다. 아니, 고수해야 한다는 생각이 내게서 떨어져 나갔다는 표현이 더 적절할지도 모르겠다. 갱도 안의 그 사내처럼, 신뢰만이 유일한 선택지였다.

"당신은 무한한 가치가 있습니다." 리즈가 애리조나에서 받은 메시지였다. 딸아이도, 나도 교회에서 신앙생활을 하면서 이런 말은 들어 본 적이 없었다. 나는 그 이유가 궁금해졌다. 교회에서는, 우리의 인간됨은 타협이 불가능하다는 점이 아니라, 우리에게는 심각한 결함이 있어 고침을 받아야 한다는 점에서 출발했다. 그래서 더 많이 기도하고, 더 신앙생활을 잘 하고, 더 큰 믿음을 가져야 한다고 가르쳤다.

"우리는 왜 교회에서는 이런 말을 들어 보지 못했을까?"이런 말은, 많은 사람들이 얄팍한 자조감이 아니라 더 건전한 자아상을 세우는 데 도움을 주었을 것이다. 우리가 애리조나에서 겪은 일은 실제로 우리에게 정서적**영적** 도전이 되었고, 우리의 역기능 행동 양식은 이제까지 우리가 교회에서 결코 경험해 보지 못했던 방식으로 적나라하게 드러났다. 내 생각을 말하자면, 나는 좀 더 인간적이고, 좀 더 온전하며, 좀 더 솔직하게 자신을 인식하는 기분이 들었다. 물론 내가 목격한 현실이 썩 마음에 들지는 않았다.

내 신학 훈련과 '전문 식견'은 이 모든 사태가 벌어지는 동안 조용히 서서 바라만 보았다. 이런 것들은 다른 방법으로는 제대로 다스려지지 않는 것들에 별 도움을 주지 못했다. 오히려 일정 기간의 약물 치료, 가족 치료, 개인 치료 같은 것들이 효과가 있었다.

만약 우리가 익숙한 기독교 치료법을 16개월간 쉬고 난 뒤 상태가 극적으로 호전되었다면, 하나님과 세계, 그 안에서 우리 위치에 대한 내 생각이 제대로 작동하고 있지 않았다는 셈이 된다. 나는 하나님과 그분의 활동에 대하여 내가 그동안 믿었던 것을 외계인의 관점으로 바라보고 있는 나 자신을 발견했다.

이것은 내게 학문 활동이 아니었다. 마치 인생의 조각들이 딱 맞아떨어지는 느낌이었는데, 그동안 내가 하나님에 대하여 늘 알고 있던 것들은 이 새로운 체계에는 잘 맞지 않았다. 나는 그리스도인이 '되는' 방법을 다시 배우는 과정을 시작하고 있었는데, 이전 그 어느 때보다도 더 영적 자기 인식이 커졌다. 이 과정은 끊임없이 계속돼 왔고, 앞으로도 절대 끝나지 않을 것을 나는 안다. 나는 그러한 사실을 무리 없이 받아들이는 지혜, 하나님도 그렇게 생각하신다고 신뢰하는 지혜를 깨달았다.

나는 내 신앙생활이 한창 진행 중인 개보수 공사라고 생각한다. 안전 점검은 통과했지만, 금 간 벽과 그 뒤의 파열된 배관 때문에 건물 기반 깊숙한 곳의 결함까지 드러났다. 부분 도장과 메우기 작업을 한동안 진행했지만, 그것은 잘 해봐야 임시 해결책, 더 심각하게 말하자면 균열을 가리는 미봉책에 불과하다. 일부 벽체는 철거하고 새로운 구조물로 다시 세울 필요가 있었는데, 이런 작업에는 확장과 재설계를 할 수 있는 선택권이 주어졌다. 이 문제는 신뢰라는 기반이 처리할 수 있을 것이다. 나는 방 몇 개를 넓히고 다른 것들도 재배치했다.

밖에서 보면 다르게 보이고 집 안에 있을 때의 느낌도 다르지만, 나는 여전히 내 집을 알아볼 수 있다. 이젠 예전처럼 상황이 제멋대로 굴러가도록 내버려 두어서는 안 된다는 것을 안다. 정기적으로 주의 깊게 살피며 유지 보수를 하는 것은 힘들지만 반드시 필요한 일이다.

신뢰를 기르는 평생 습관을 훈련하는 것은, **여정**, **순례**, **신비**처럼 이전에는 거의 떠오르지 않았던, 만약 떠올랐다 해도 내가 무시하고 말았을 단어들로 내 믿음을 표현하는 방법을 배우는 것이었다. 기독교의 지혜를 담고 있는 이런 오래된 단어들이 때로는 유행을 타는 가식적인 말로 들리기도 하지만 내게는 그렇지 않다. 나에게 이 말들은 통제를 내려놓는 단어들이다. 단순히 내 신앙을 묘사하기 위해서뿐만 아니라 그것을 복원하기 위해서 나는 의도적으로 다른 단어들을 사용해야 할 필요가 있었다. 우리가 말하는 방식은 그저 사고방식의 부산물이 아니다. 단어는 실제로 우리의 정신 구조에 영향을 미친다.

나는 각자의 신앙을 복원하는 비슷한 과정(일부는 견디기 어려운 상실감과 극심한 고통 때문이었다)을 이미 경험한 친구들을 몇명 사귀었다. 이들의 훌륭한 신앙생활은 내게 큰 격려가 되었다. 또 이들은 이전에는 들어 본 적도 없거나, 올바른 생각이 내 신앙을 장악하고 있었을 때에는 진지하게 주목한 적 없었던 작가들을 통해 나를 더 확장된 신앙 공동체로 인도해 주었다.[4]

이런 독서, 곧 정보에 대한 집착을 내려놓아야 한다고 주장하는 책을 읽는 행위가 자기모순처럼 보일 수 있다. 하지만 나는 절대 그렇게 보지 않는다. 내가 계속 말했듯이, 확신을 가져야 할 필요를 내려놓는 것은 생각을 내려놓는 것과는 다르다. 내 안전지대를 벗어난 독서는, 확신에 대한 필요가 기껏해야 몸과 마음을 망가뜨리는 영적 분열이며, 최악의 경우 그야말로 해가 된다는 것을 이해하도록 돕는 역할을 했다.

기독교의 묵상 전통을 발견한 것은 어두운 방의 창을 열고 저 너머에서 넌지시 비치는 한 줄기 빛을 본 것과 같았다. 이 전통에서는 신비가 한낱 구호에 그치거나 마지못해 인정하는 것이 아니라, 심오하고 분명하며 근본적인 영적 실재였다. 내가 이해한 대로라면, 이 전통은 '그리스도 안에' 있는 것과 그리스도께서 '우리 안에' 계신 것, 하나님 안에 '감추인' 우리의 삶에 대하여 이야기하는 사도 바울에게까지 거슬러 올라간다. 또한 요한복음에서 우리는 예수님과 하나님 아버지가 친밀한 것처럼 믿는 자들도 하나님 아버지와 그 아들 예수님과 친밀하다는 것을 알 수 있다.요 17:10-25

나는 기독교 신앙의 이런 초이성적 관점에 주목한 적이 없었는데, 그런 것을 배워 본 적이 없었기 때문이다. 왠지 속은 기분이 들었지만, 이 내용을 수년 일찍 알았다 한들 도움이 되었을지는 모르겠다. 아직 '인생'이 뭔지 충분히 몰랐을 테니 말이다. 여하튼 이제 나는 이해 받는 느낌인데, 그것은 내 인생에서 가장 중요한 순간에 찾아왔다. 2009년과 2010년에 경험한 하나님의 부재는 2년 전 애리조나에서 경험한 하나님의 임재만큼이나 손에 잡힐 듯 분명했다. 시편 73편 기자나 전도서 기자처럼, 그리스도인으로 살면서 난생처음 이것이 과연 그럴 만한 가치가 있는지, 과연 하나님이 계시긴 한 건지, 이런 말을 하는 것이 과연 의미가 있기는 한 건지 정말로 몹시 궁금해졌다.

나는 다시는 성탄 찬양을 부를 수 없을까 봐, 교회에 갈 수 없을까 봐, 기도할 수 없을까 봐, 혹은 이런 것들을 신경조차 쓰지 않게 될까 봐 슬펐다. 나는 실직 상태에서 완전히 새로운 일을 찾기 시작했다. 그러나 몇 달을 찾아보아도 아무 일도 없었다. 내적 불가지론에 빠져 있었던 당시의 나는 노골적으로 기독교 전통 바깥에 위치한 이들, 혹은 그 전통 안에 있다고 알아차리기가 쉽지 않은 작가들에게 마음이 끌렸다.[5] 적어도 내가 익숙했던 것들에 비하면 그다지 쉬운 일은 아니었다.

나는 내가 아는 우주의 바깥쪽 끝까지 스스로를 몰아붙여야 한다고 생각했다. 결국 내 옛 사고방식은 산산조각 나 버렸다. 덧붙여 예수님과 관련된 이 모든 일이 정말로 실재라면, 그분이 해결하실 것이다. 그분이 해결 못 하신다면… 될 대로 되라지 뭐. 하지만 나는 함부로 행동하지는 않을 것이다. 버스는 이미 떠나 버렸다. 나는 내 한계 너머를 바라봄으로써, 나 자신의 신앙생활이 얼마나 가식적이고 빈틈없으며 피상적이고 심지어 거짓되었는지에 대하여 다른 관점을 갖게 되었다. 그 동안 나는 기본적으로 내 영혼에 대한 인식을 희생시키면서까지 잘못된 통제력을 유지하려고 지식을 습득했다.

따라서 내가 어두운 영혼의 밤에 대한 책들을 읽기 시작했을 때, 기독교 전통 전반이 이런 내 경험을 뒷받침해 준다는 사실을 알게 되었고 이것은 내게 엄청난 발견이었다. 올바른 생각에 대한 내 집착을 씻어 줄 잿물이었다. 무엇이든 알아야 한다는 익숙한 패턴은 이제 완전히 거북스럽게, 심지어 신성모독처럼 느껴졌다. 나는 훨씬 더 크신 하나님, 훨씬 더 흥미롭고 배려심이 많은 하나님께 끌리고 있었다.

여기서는 많은 과정을 생략하고자 한다. 자서전을 쓰는 게 아니니 말이다. 하지만 나는 수많은 부침을 겪었고 여전히 겪고 있다. 내 말은, 이런 경험들이 확신이라는 안전한 피난처에서 나를 끄집어내어 하나님을 신뢰하는 길에 올려놓았다는 것이다. 내 생각이 옳아서, 혹은 곧 옳게 될 것이므로 하나님을 신뢰하는 것이 아니라, 내가 얼마나 확신할 수 있는지와는 무관하게 하나님을 신뢰하게 되었다.

내 사고방식은 애리조나 야외 파티에서 처음 겪었던 순간들보다 더욱 혹독하게 길들여지고 있었다. 이 책 전체 내용의 진짜 핵심을 나는 몸소 체험하고 있었다. 신뢰라는 말의 의미는 알고자 하는 **필요**, 확신하고자 하는 **필요**를 내려놓는 것이다. 그리고 그 과정을 이해했던 유서 깊고 훌륭하고 다채로운 기독교적 실천은 이미 존재하고 있었다.

나는 내가 몸담았던 곳과 앞으로 갈 수 있는 곳에 대한 책임이 모두 내게 있다는 것도 깨달았다. 해방과 동시에 불안을 안겨 주는 생각이었다. 나는 흔히 '인생 후반기'라 불리는 중년에 접어들고 있었고,[6] 내가 몸담았던 곳에 남을지 아니면 앞으로 나아갈지를 선택해야 했다.

이 와중에, 정식으로 수치화할 수는 없지만(그렇게 했으면 가치가 확 떨어졌을 것이다), 나는 하나님을 점점 더 의식하면서, 단순하고 깔끔한 신뢰가 얼마나 중요한지 깨닫게 되었다. 그 생각들을 병에 담아 '5단계'나 '50일' 등의 제목이 붙은 베스트셀러를 만들 수 있으면 좋겠다. 하지만 적어도 내게는 그런 형식이 통하지 않는다. 더 좋은 표현을 쓰자면, **하나님**은 그런 식으로 일하시지 않는 것 같다.

이것은 오롯이 내 경험이기에, 남들도 다 그래야 할 필요는 없다. 나는 만사를 통제하고 있다는 인상을 주는 조언이나 새로운 할 일 목록을 주려는 것이 아니다.

나는 있는 그대로의 나 자신도 받아들이게 되었다. 나는 천생 탐험가이다. 오래된 전통에 도전하고 새로운 통찰을 얻는 것을 가치 있게 여긴다. 이것은 그 자체로는 좋거나 나쁠 것이 없다. 내 모습이 그럴 뿐이다. 나는 변명 없이, 그러나 책과 언어, 수업, 저술 활동으로 가득 찬 특정한 신앙 유형을 가진 내가 뭔가를 배울 필요가 있었다고 생각한다. 그것은 하나님이 어떤 분이신가를 전부라고 생각하는 함정에 빠지지 않고 진정한 나 자신을 받아들이는 법이었다. 나는 내 생각만 고집하지 않으면서도 그것을 존중하는 법을 배우고 있었고, 지금도 배우고 있다.

이 모든 과정에서 가장 결정적인 부분은 이미 이런 신앙 표현의 모범이 되고 있는 실제 신앙 공동체를 찾는 것인데, 나는 그리스도 중심의 성공회 공동체를 만났다.

나는 강대상은 한쪽으로 밀어 두고 탁자를 가운데 두는 곳을 원했다. 내게는 그것이, 지루한 설교가 예배 중심에 있었던 옛 방식을 내려놓는 것을 상징했다.

나는 그랬다. 남들은 그렇지 않을 수도 있다.

나는 주일 아침에 초이성적인 것, 성육신과 부활이라는 기독교의 근본적 신비, 기독교 신앙의 핵심 특징에 집중하기를 바란다. 비합리적이라거나, 토론과 논쟁의 가치가 없지는 않지만, 지적 먼지가 제거되었을 때 우리 머리로 이해할 수 있는 것을 궁극적으로 초월하는 것 말이다.

나는 내 주장보다 더 큰 하나님을 원한다.

학구적이고 엄선된 말로 현실을 통제하는 내 안전지대에 머물기보다는, 내가 말하고 싶지 않을 때에는 지금 당장 할 말을 생각해 내라고 책임 지우지 않으면서도 나를 신앙으로 이끌어 줄 기도서와 전례가 좋다.

나는 가르치고 글을 쓰고 강연을 한다. 온갖 말들을 한다. 일주일에 하루쯤은 그 말들을 집밖으로 나오지 못하게 하고 싶다.

나는 내 곁에 둘러앉은 사람들, 먼 곳에 있는 사람들, 오래전에 떠나간 수 세기 전의 순례자들과 함께 일상의 말을 암송하기 좋아한다. 나는 나와 함께 믿기 위해, 나를 위해 믿어야 할 필요가 있을 때, 지금의 나보다 더 큰 무언가의 일부가 되어야 한다.

나는 익숙한 방식들을 내려놓고, 그것들에서 벗어날 수 있으며, 나를 붙잡으시는 하나님을 신뢰할 공간이 필요하다.

오랜 기다림

우리는 구약의 시편과 전도서, 욥기를 살펴보면서, 믿음과 의심
의 싸움, 우리 머리가 이해하고 있는지 여부와 상관없이 하나님
을 신뢰해야 할 필요의 싸움에 대해 이야기했다. 우리가 구약에
진을 친 이유는 그 부분이 이런 주제에 대하여 가장 많은 내용을
담고 있기 때문이다.

　구약은 수백 년에 걸쳐 기록된 글들을 모은 것이다. 구약은 필
경사, 제사장, 왕족, 목동들이 다양한 시간과 장소에서, 승리와
패배의 시간을 겪으면서 쓴 것들이고 우리에게 전해졌다. 이스
라엘 민족은 국가적으로도, 개인적으로도 수많은 흥망성쇠를 겪
었다.

　이스라엘의 대서사시가 우리에게 주는 가장 큰 위안은 고대
이스라엘 민족이 **자기 신앙의 일부**로 껴안은, 하나님에 대한 불
신과 격한 의심의 원초적 표현을 그대로 담고 있다는 것이다. 나
는 가장 어두운 부류의 영적 분투를 신앙 여정의 일부로 받아들
이지 않고, 고쳐야 할 문제로 치부해 한쪽으로 치워 둔 성경 구절

보다 **이런** 성경 말씀을 주신 하나님께 감사한다.

하지만 신약은 다르다. 신약은 60년 내외라는 훨씬 더 짧은 기간에 쓰였다. 고통이 신약의 핵심 주제이기는 하지만, 구약의 오랜 기다림과는 거리가 멀다. 실제로 사람들은 그 '마지막' 곧 예수님의 재림이 코앞에 다가왔다고 생각했으니 말이다.

이와 같이 너희도 이 모든 일을 보거든 인자가 가까이 곧 문 앞에 이른 줄 알라. 내가 진실로 너희에게 말하노니 이 세대가 지나가기 전에 이 일이 다 일어나리라. 마 24:33-34

너희가 어떻게 우상을 버리고 하나님께로 돌아와서 살아 계시고 참되신 하나님을 섬기는지와… 그의 아들이 하늘로부터 강림하실 것을 너희가 어떻게 기다리는지를 말하니. 살전 1:9-10

형제들아… 그때가 단축하여진고로… 이 세상의 외형은 지나감이니라. 고전 7:29, 31

내가 진실로 속히 오리라 하시거늘. 아멘. 주 예수여, 오시옵소서. 계 22:20

그리스도인들이 박해를 견디며 고군분투하는 가운데, 믿음을 지키라는 신약 기자들의 어조는 **긴박했는데** 이는 최후의 **승리가**

머지않았기 때문이었다. "버텨라. 머지않았다. 예수님이 곧 오시면 하나님은 만물의 질서를 회복하실 것이며, 지금 네 고통은 끝나고 정의가 찾아올 것이다."

오늘날 우리가 직면한 문제는 2천 년이 지난 지금까지도, 그 '마지막'이 이르지 않았다는 것이다.[7] 솔직히 말해 많은 그리스도인들이 이에 대비하고 있는지 잘 모르겠다. 우리는 대부분 2단계 stage two(상황이 심각해짐을 뜻하는 영어 표현—옮긴이)를 진지하게 생각하지 않은 채 바쁘게 살아간다. 우리는 긴박한 '척하며' 살아갈 수 있을지는 몰라도, 문 앞에서 보따리 싸들고 기다리며 남은 삶을 차단하기란 어려운 일이다.

그래서 내 생각은 이렇다. 늘 그랬고 앞으로도 계속 그렇겠지만 지지부진한 일상이 계속되는 어지러운 세상에서 하루하루를 살아갈 때 우리는 신약의 긴박감에 공감하기 힘들다.

그런 면에서 오늘날의 그리스도인들은 바울을 비롯한 신약 기자들보다는, 외롭고 위험한 사막을 떠돌거나 적지로 추방당했던 이스라엘 민족과 공통점이 더 많다. 구약은 우렁찬 소리로 승리가 임박했다고 이야기하지 않는다. 신앙심이 깊은 자들과 그렇지 못한 자들의 대대손손, 성공과 실패, 하나님의 임재와 부재를 이야기한다.

예수님처럼

그렇다면 신약은 이런 사실들에 대해 할 말이 없는 것인가? 아니다. 수많은 말씀이 있지만 전혀 다른 관점—내가 바로 아래에서 '신비의 관점'이라고 부를 관점—에서 언급한다.

사도 바울은 예수님을 따르는 자들을 '그리스도인'이라 부르지 않고 '그리스도 안에 있는 자'라고 부른다. 설명은 둘째치고 이해하기도 쉽지 않지만, 이 말은 특정 단어로는 설명이 불가능한 그분과의 친밀함을 암시한다.

그 친밀함은 고통을 수반한다.

우리가 "하나님, 어찌하여 나를 버리셨나이까"라고 울부짖을 때는 예수님이 십자가에서 똑같은 말을 내뱉으며 경험하신 것을 경험하고 있는 셈이다.마 27:46 신약은 그리스도와 함께 고난받는다는 이 개념을 다른 방식으로 받아들인다. 예를 들면, 이렇다.

나는 이제 너희를 위하여 받는 괴로움을 기뻐하고 그리스도의 남은

고난을 그의 몸 된 교회를 위하여 내 육체에 채우노라. 골 1:24

그리스도의 '남은' 고난이란 정확히 무엇이며, 우리의 고난으로 무엇이 '채워진다'는 것인가? 나는 모르겠다. 그러나 고난이 우리를 친밀하고 신비롭게 예수님의 고난에 참여하게 하고, 우리의 고난이 다른 이들에게 유익을 미치게 된다.

바울은 이처럼 하나님의 영의 인도를 받는 사람들을 하나님의 자녀라고 말한다.

자녀이면 또한 상속자 곧 하나님의 상속자요 그리스도와 함께한 상속자니 우리가 그와 함께 영광을 받기 위하여 고난도 함께 받아야 할 것이니라. 롬 8:17

바울 서신을 읽을 때는 세부 사항을 놓치기 쉬우니, 한번 잘 살펴보자. 그리스도와 **함께**('위해서'가 아니라!) 고난을 받는 것은 하나님의 자녀들이 할 일이다. 고난은, 우리에게 문제가 있어 그것을 바로잡아야 한다는 암시가 아니다. 고난은 우리가 하나님의 자녀임을 확인해 주는 필수 요소이다.

다음은 내가 바울 서신 전체에서 가장 좋아하는 내용이다.

내가 그리스도와 그 부활의 권능과 그 고난에 참여함을 알고자 하여 그의 죽으심을 본받아 어떻게 해서든지 죽은 자 가운데서 부활에 이 바울은 그리스도를 '알고자' 하지만, "안녕하세요, 점심이나 같이 하실래요" 같은 방법으로는 (확실히) 아니었다.

바울에게 그리스도를 안다는 것은 '그 부활의 권능' 곧 누구나 쉽게 동의할 법한 신앙생활의 승리와 최고조를 경험하는 것만을 뜻하지 않는다. 이는 신앙생활의 어두운 시기도 **반드시** 경험해야 한다는 뜻이다. 그리스도의 고난을 함께 나누고 거기에 '참여해야' 한다.

이 두 가지는 함께 간다. 그리스도의 고난에 참여하는 것과 죽음은 부활의 권능을 경험하는 것과 함께 간다. 사실 고난과 죽음은 부활에 **반드시** 선행해야 한다.

내 말이 무슨 뜻인가? 그리스도의 고난을 '채우고', 그와 '함께' 고난을 받고, 그 고난에 '참여'한다는 이 신비로운 표현들은 고난이 신앙생활에 일부 긍정적 역할을 한다는 뜻이다. 우리가 그것을 충분히 이해할 수 있을 정도로 제대로 파악하지 못한다 할지라도 말이다.

물론 서양에서 말하는 대부분의 고난은 폭력 정권에 의한 감금이나 고문을 가리키지는 않는다. 그러나 시편 기자들이나 욥, 전도자의 탄식처럼 정서적이고 지적인 고통도 진정한 고통이 아니라고 할 수 없다.

나는 바울이 겪은 고난이, 로마제국에 대한 적대감과 바울의 사역에 반대한 사람들과 관련이 있었다고 확신한다. 그는 지나치게 합리성을 추구하는 근대 서구 사회에서 우리가 겪는 것과 같은 신앙의 위기를 생각하지는 않았을 것 같다.

그렇다고 해서 우리가 신앙의 위기를 고난의 한 형태로 볼 수 없다는 뜻은 아니다.

오히려 나는 그렇게 봐야 한다고 생각한다.

신앙을 둘러싼 우리의 심리적 괴로움 곧 슬픔, 자포자기, 절망, 두려움, 염려가 곧 **고난**이다. 신약은 그렇게 표현하지 않을지 몰라도 구약은 그런 식으로 말한다.

내가 고대 이스라엘 사람들은 할 수 없었던 표현으로 그 내용을 말해 보겠다. "우리가 절망이나 두려움에 빠져 있고 하나님은 우주에서 가장 멀리 있는 별처럼 우리와 떨어져 계실 때, 바로 그때가 우리가 아는 것 이상으로─어쩌면 과거 그 어느 때보다 더─그리스도와 '함께하는' 순간이다. 우리가 고난 받을 때 그분의 고난에 참여하고 그 고난을 채우기 때문이다." 이 사실을 이해해야만 우리가 그리해야 하는 것을 아는 것은 아니다.

고난을 미화하거나 호도하려는 게 아니다. 그러나 피로와 절망이 찾아오는 바로 그 순간, 우리의 고난은 그리스도의 고난이 되고 그의 고난이 우리의 고난이 된다. 그런 순간에 우리는 우리가 깨닫는 것 이상으로 그리스도를 닮아간다.

그런 절망의 순간, 어디로 가야 할지 알지 못하는 순간, 두려움과 절망의 어두운 갱도로 곤두박질치는 순간은 '올바른' 생각이

어울리지 않는 곳으로 우리를 데려간다. 알아야겠다는 욕구를
내려놓고 신앙의 신비를 받아들여야만 이런 상황을 '이해할' 수
있게 된다.

하나님이여,
나를 살피사 내 마음을 아시며 나를 시험하사 내 뜻을 아옵소서. 시편 139:23

9. 신뢰를 넘어서

두려움 없이

확신에 대한 필요성을 내려놓는 것은 단순히 우리의 사고방식을 결정하는 것을 넘어서서 우리가 원하는 생활방식을 결정한다.

확신을 추구하고 고수하는 것이 신앙의 중심일 때는, 우리 삶은 다른 사람들에게 가치를 두지 않는 특징을 갖게 된다.

- 흔들림 없는 독단적 확신
- 내부자 / 외부자에 대한 물 샐 틈 없는 감시
- 논쟁에서 이기는 것과 신앙을 수호하는 것에 대한 집착
- 논리적 주장의 최종성에 특혜 부여
- 묻지도 따지지도 않고 지적 권위자와 유명 인사 따라 하기

이런 신앙은 마치 궁지에 몰린 벌꿀오소리처럼, 혹은 해가 뜰 때부터 질 때까지 총안 흉벽에 서서 어떤 위협이 있는지 지평선을 살피는 야경꾼처럼, 끝없는 전투 모드에 돌입하는 것과 같다. 신앙을 위해 싸우지 않으면 당신은 신앙이 어떤 것인지 이내 잊

게 된다.

그런 종류의 신앙은 창조주에 대한 신뢰와는 거리가 멀다. 스트레스가 많고 근심이 가득하며, 우리와 가장 가까운 사람들을 포함하여 다른 이들과의 건전한 관계를 맺기 어렵다.

겉으로는 자부심이나 오만함, 공격성을 볼 수 있지만, 이런 것들은 좀 더 심오한 무언가—일이 잘못되는 것에 대한 두려움과 그로 인해 빚어질 수 있는 사태에 대한 두려움—의 조짐일 뿐이다.

그러나 하나님에 대한 신뢰는 두려움을 몰아내고, 우리 확신의 강도와는 무관하게 넉넉한 신뢰의 삶을 일구어 낸다.

신뢰는 흔들리지 않는 독단적 확신이 아니라, 우리 삶에 끊임없이 줄지어 지나가는 신비와 불확실성을 정상적 신앙의 일부로 포용하고, 좀 더 깊이 신뢰할 수 있는 기회로 여기는 것이다.

절대적 양자택일 사고에 의존하지 않고 신뢰하는 믿음은, 하나님을 신뢰하는 것이 시간과 실천이 필요한 과정임을 이해한다. 이 순례 여정은 반드시 직선으로 진행되지는 않지만, 예측 불가능하고 불안한 삶의 본성을 하나님과의 만남으로, 하나님이 그 과정에 관여하고 계심을 신뢰하면서 궁극적으로 그분께 향하는 움직임으로 받아들인다.

신뢰 중심 신앙은 우리의 소속 정체성(교회, 교파, 하위 교파, 교리적 신념, 정치 성향 등)을 정의하는 명찰에 집중하기보다는, 겸손하고 개방적이며 상처 받기 쉬운 눈으로 세상을 보면서, 우리 자신도 주인이나 정복자가 아닌 구성원과 참여자로 볼 것이다. 우리는 불가해한 우주와 지구에 사는 우리 이웃을, 교묘히 조종하거나 해악을 끼칠 대상이 아니라 하나님의 피조물로 볼 것이다.

신뢰 중심 신앙은 골치 아픈 질문들에 대한 최종 해답을 속단하기보다는 하나님의 신비를 존중하는 지혜로운 질문들을 공들여 표현한다. 또 앞으로 나아갈 길을 찾기에 앞서 충분히 오랫동안 그 질문들을 곱씹을 수 있는 용기를 하나님께 요청하는 시간을 찾을 것이다.

신뢰 중심 신앙은 신앙을 지지하고 변호해 줄 지식을 습득하려 하기보다는 현명한 사람들을 소중히 여기고 존중한다. 이 현자들은 경험과 성숙한 영적 습관을 통해 지도권을 얻고, 다른 이들의 신앙 양육에서 핵심 역할을 부여 받는다.

신뢰 중심 신앙은 신실함을 권위와 소속 정체성에 완전히 일치하는 것으로 정의하기보다는 진정한 인간성을 향한 추구를 가치 있게 여길 것이다. 그 과정에서 사람들은 자신의 익숙한 신앙 경계에서 멀어지는 반면, 하나님에 대한 신뢰는 우리와 다른 사람들 안에서, 심지어 우리와 가장 가까운 이들 안에서 이 과정의 일부가 된다.

어떻게 살기 원하느냐에 대한 선택은 전적으로 우리 몫이다.

가서 다시는 죄를 범하지 말라

도무지 이해가 되지 않아서 하나님을 신뢰할 수 없거나, 그러고
싶지 않을 때—특별히 그럴 때—조차도 하나님을 신뢰하는 것
은 우리에게 자유를 준다. 확신이 사라졌을 때 확실해야 한다는
압박감에서 해방되는 것이다.

그런 상황에서 창조주 하나님을 신뢰하기로 선택하는 것은,
비합리적인 것이 아니라 우리 이성이 영원하고 무한한 것을 이
해하는 데 한계가 있음을 겸손하게 인정하는 것이다. 그런 신뢰
를 비합리적이라고 하는 것은, 더 깊은 신앙은 우리에게 이를 초
월하라고 부른다는 합리적 신앙 양식을 맹목적으로 숭상하는 것
이다.

신뢰는, 성령의 신비에 항복하는 초이성적 경험이 신앙임을
인정하게 한다. 그리스도인들에게 신뢰란 인간 드라마에 관여하
시는 창조주의 신비로 요약된다. 그리고 이 모든 것은 우리의 분
석과 우리 머릿속에 조심스레 정리된 아늑하고 기분 좋은 공간
을 거부한다. 성육신하신 이 창조주를 신뢰하면 우리는 알 자유

와 모를 자유, 확신이 들 때나 확신이 서지 않을 때 확신을 받아들일 자유, 명료함이나 의심, 평온함이나 초조함을 받아들일 자유를 얻는다.

신뢰는 우리 지성을 지우는 것이 아니라, 억제하고 길들인다. 그러므로 우리는 확신 없음에 대한 초조하고 불안한 생각에 굴복하지 않는다.

나는 기독교 신앙이 풍부한 내용을 가진 오랜 전통이라고 생각한다. 그러나 앞으로 나아간다는 것은, 좋았던 옛날 그 전통의 특정한 순간들이 마치 가장 훌륭하고 영속적인 성령의 역사인 양 그것을 재현한다는 뜻은 아니다. "옛날이 오늘보다 나은 것이 어찜이냐 하지 말라. 이렇게 묻는 것은 지혜가 아니니라."^{전 7:10}

아버지이자 교수인 나는 우리가 미래 세대에게 전수하고 있는 믿음을 보면서 낙담할 때가 있다. 그 믿음은 '과거 지키기'가 가장 중요한 목표일 때가 많기 때문이다. 어떤 면에서는 나도 이해가 간다. 그러나 전통에 대한 건설적인 존경과, 마치 중독처럼 우리가 생각하는 하나님의 형상을 고수하는 것—우리는 피조물의 걱정스러운 형상대로 만들어진 창조주에 광신적으로 매달린다—은 차이가 있다고 생각한다.

우리 신앙 공동체는 단순히 과거를 지키는 것보다 하나님을 신뢰하는 문화를 적극적이고 의도적으로 창조함으로써 미래를 보호할 성스러운 의무가 있다. 그래야 우리 자녀와 손자들에게 생존 가능한 신앙을 전해 줄 수 있을 것이다.

- 성령을 우리의 과거에 묶어 두기보다 끊임없이 움직이시는 성령 과 새로운 가능성에 열려 있는 신앙.
- 안간힘을 써서 익숙한 확신들을 유지하기보다 우리가 하나님, 세 계, 그 안에서 우리의 위치를 생각하는 방법에 대하여 비판적·사색 적으로 생각할 수 있는 기회를 기꺼이 받아들이는 신앙.

역사는 이런 경로 수정이 처음도 아니고 마지막도 아님을 보 여 주었다. 사실 우리는 단순히 성경의 본보기를 따르게 될 것이 다. 하나님과 하나님 백성의 이야기는 절대 정적이지 않고, 단순 하게 과거를 답습하고 무슨 수를 써서라도 그것을 유지하는 것 이 결단코 아니다.[1]

하나님에 대한 이스라엘의 생각은 주전 6세기 바빌론 포로 생 활 50년의 영향을 받았다. 그보다 앞선 7세기 후반, 나훔 선지자 는 강력하고 무시무시한 아시리아를 맹렬하게 비난했으며 하나 님이 손수 이루신 그들의 당연한 파멸을 보고 흡족해했다(수도 니느웨는 주전 612년에 망했다).[2] 그러나 이스라엘 민족이 바빌론 포로 생활(주전 586-539년)을 경험하고 나서 얼마 후에 기록된 요나서를 보면, 사악한 니느웨 백성에게 가서—그들을 구원하 기 위하여—회개를 역설하라고 요나 선지자에게 명령하시는 하 나님을 볼 수 있다. 요나로서는 경악할 일이었다.

이스라엘의 신앙은 고정되지 않고 융통성이 있었다.

움직임, 변화, 의외성이 서로 엮여서 기독교 신앙이라는 직물을 짜낸다. 십자가에 못 박히고 부활하신 구세주는 하나님의 신실하심을 드러내는 의외의 결과이다. 이는 이스라엘의 하나님 이야기에 드러나는 전통적 관념—메시아는 죽지 않고 예루살렘의 왕좌에서 통치할 것이다—에 대한 도전이었다. 이런 복음은 오늘날 하나님에 대한 우리의 개념에도 지속적으로 도전하고 있다.

하나님께 열려 있는 믿음은, 우리의 확신을 복잡하게 만들지만, 우리 자신의 삶뿐만 아니라 우리와 가장 가까운 이들의 삶에도 영향을 미치고 우리를 더 나은 세계 시민으로 만들어 줄 것이다.

인류 역사에서 예수님을 따른 자들은 이 세상의 아픔과 고통, 불의를 완화하는 데 크게 공헌했다. 이들은 수많은 학교와 병원, 보육원을 세우고, 굶주린 이들을 먹이고, 헐벗은 이들을 입히고, 집 없는 이들에게 살 곳을 마련해 주고, 무고한 이들의 권리를 보호하고 노예제도를 폐지하기 위해 끊임없이 애썼다. 이러한 행동 때문에 그들은 '그리스도의 몸'^{고전 12:12, 27}이라 불릴 가치가 있다. 성경은 인류라는 가족을 위한 정의와 공의, 고아와 과부와 외인 곧 우리 가운데 있는 '타자'를 위한 돌봄, 우월감과 권력을 내려놓은 사랑에 대해 호소력 있는 목소리로 반복해서 말씀한다.

그렇다. 적어도 내 주변을 보면, 그리스도인들이 조직폭력배처럼 묘사되고 과학과 윤리에 대한 기이한 신념을 남에게 강요하는 것으로 유명하다. 그래서 복음은 남들에게 자신만의 신성한 통치 권한을 강요할 수 있는 권력을 추구하는 또 다른 계산적 운동이 되어 버렸다. 강제와 억압과 폭력으로 끝나버린 과거와 현재의 그런 수많은 운동들에 추가된, 신의 승인을 받았다고 주장하는 또 다른 이데올로기가 된 것이다.

공공 영역에서 기독교가 명성을 얻은 데는, 우리의 후기 기독교 문화를 포함하여 다양한 원인이 있다. 그런데 후기 기독교 문화는 어떤 종류의 종교에도 별 도움이 되지 않는다. 하지만 궁극적으로 그 비난의 일부는, 하나님이 지금 여기에서 원하시는 것에 대한 변함없는 확신으로 무장한 기독교 하위문화의 책임이 될 것이다. 이는 논의의 대상이 아니라 (하나님의 영광을 위해) 당연히 그리되어야 한다.

성전에 나갈 전사들을 양성하는 것보다는 그리스도인들 사이에 하나님을 신뢰하는 문화를 도입하여 의도적으로 성장시키는 것이, 대중의 인식을 상쇄하고 참된 기독교 신앙(과 하나님)을 조금 더 드러낼 수 있을 것이다. 하나님의 미래에 열려 있는 문화는, 신앙과 타협하는 것이 아니라 오히려 신앙을 실증해 준다.

이상의 내용은 확신에 집착하는, 살아 계신 하나님에 대한 신앙은 복음을 개인적으로, 지역적으로, 세계적으로 위태롭게 하므로 죄악이라는 뜻이다. 그러나 이 상태가 계속되어야 한다는 법은 없다. 예수님이 간음한 여자에게 "가서 다시는 죄를 범하지 말라"요 8:11고 말씀하셨듯이.

확신에 대한 집착이 아니라 신뢰의 문화를 발전시키는 것은,

기독교 전통의 정신을 분별하고 표현하고 구현하면서도 성령의 움직임에—열정적으로—열려 있다는 의미이다. "바람이 임의로 불매 네가 그 소리는 들어도 어디서 와서 어디로 가는지 알지 못하나니."요 3:8

이런 신앙은 쉽게 찾아오지 않으며, 힘들고 괴로운 경험의 맨 마지막에 겨우 모습을 드러내는 것이 다반사이다. 그러한 순간에야 비로소 우리는 우리가 얼마나 아는 것이 없는지, 우리가 하나님을 우리 스스로 만들어 낸 지긋지긋한 하나님의 모습과 맞바꾸었다는 것을 알게 되기 때문이다. 또한, 올바른 생각에 대한 광란의 추구와 집착이 조만간 우리를 공허하고 기진맥진하게 만들게 될 것을 깨닫게 되기 때문이다.

그러나 우리가 좀 더 위험을 무릅쓴다면, 하나님에 대한 올바른 생각이 아니라 하나님에 대한 신뢰가 신앙의 시작과 끝이며, 유일하게 진실하고 변함없는 길이라는 사실을 깨닫기 시작할 것이다. 나를 비롯한 과거 다른 이들의 이러한 깨달음이 모든 차이를 만들어 냈다.

감사의 글

이 책은 믿음과 의심, 알고자 하지 않는 지혜로움에 대한 책이다. 하나님을 신뢰하는 것이 그리스도인이 가야 할 길의 시작이요 과정이자 끝이라는 것을 배운 이야기이다. 이 책은 그런 믿음, 내가 갈망하는 믿음을 표현하고 있다.

　나는 거의 10년 동안 머릿속으로 이 책을 써 왔다. 인생의 전환기라고 할 수 있는 그 기간에 나와 우리 가족에게는 한숨 돌릴 틈도 없이 여러 사건이 들이닥쳤다. 실제로는, 옛 일기로 미루어 보자면 나는 이십 대 초반부터 계속 휘청거렸기 때문에 이 주제들은 30년 넘는 세월 동안 내 본거지였다. 나는 늘 이 책을 쓰고 있었던 것 같다.

　그런 사실은 이 책이 산만한 생각과 이야기들을 마구잡이로 쏟아 낸 것이 아니라, 책으로서 모습을 갖추기까지 두어 차례 시행착오가 필요했던 이유를 설명해 준다. 시간은 다소 걸렸지만 결국에는 혼란 가운데서 주제와 일관성을 발견했고, '보라!' 책이 완성되었다.

편집자 미키 모들린Mickey Maudlin의 지혜와 통찰력에 감사한다. 미키는 기독교 신앙과 그에 관한 책을 쓴다는 것의 의미를 내게 잘 가르쳐 주었다. 초안에서부터 완성본, 그 이후까지 책을 볼 줄 아는 신통한 재주를 가진 하퍼원 출판사의 나머지 팀원들에게 큰 감사를 전한다. 여러분과 일할 수 있어서 좋았다.

에이전트 캐시 헬머스Kathy Helmers는 변함없이 나를 믿어 주고, 내가 하려는 일을 이해하며, 내가 가려는 곳에 도착하기도 전에 거기가 어딘지 이미 알고 있는 사람이다. 인류 역사상 이런 말을 할 수 있는 사람은 내가 유일하지 않나 싶다. "11월에 열린 학회에서 내 에이전트와 캐치볼을 했답니다."

스프링 리지 아카데미Spring Ridge Academy는 힘든 시간 동안 우리와 동행하면서 내가 나 자신과 우리 가족을 좀 더 분명히 바라볼 수 있게 도와주었다. 친구 테드 올슨Ted Olson은 모자란 부분을 채워 주며 내가 계속해서 현실을 좀 더 선명하게 바라볼 수 있게 도와주었다. 성 마태 성공회 교회는 말을 많이 하는 것, 유행을 좇는 것, 화려하게 치장하는 것, 시끄러운 것, 문화 전쟁에 휩쓸리는 것을 지속적으로 거부하고 있다.

친구이자 이전 직장 동료인 더그 그린Doug Green과 마이크 켈리Mike Kelly는 지난하고 긴 여정을 나와 같이했다. 당신들은 나를 포함한 많은 사람들로부터 존재 자체만으로 귀히 여김을 받는 사람들이다. 당신들 말대로, 당신들이 행동할 때에만 귀하게 여기는 사람들의 말에는 귀를 기울이지 않기를 바란다.

게리와 모린Gary and Maureen, 당신들은 지난 수년 동안 고통 가운데 무방비 상태로 살았다. 그러면서 나와 다른 많은 사람을—당신들이 아니었다면 내가 알지 못했을—더 깊숙한 신앙의 카타콤으로 안내했다.

제자 잭슨 커레리Jackson Curreri는 교정지를 꼼꼼히 읽으면서 내가 사무엘상 성구를 갈라디아서와 혼동하거나 내가 자주 하는 다른 실수들을 하지 않았는지 확인해 주었다. 용감하고 정직한 영혼의 소유자 데이비드 빈슨David Vinson은 진정한 친구로, 지구상에서 가장 교정을 빨리 보는 사람일 것이다. 내 친구이자 공동 저자요 공동 연구자인 제레드 바이아스Jared Byas는 내가 하려는 일이 무엇인지 알고, 내가 무언가를 하기 훨씬 이전부터 그것이 가져올 결과를 알고 있다. 내가 경로를 이탈할 때면 주저 없이 알려 준다.

내가 만약 제대로 훈련을 받지 못해 더없이 행복한 우리 집 동물들을 언급하지 않는다면 직무 태만일 것이다. 내 무릎에 앉아 가르랑거리거나 (대자로 누워) 충성스럽게 내 키보드를 지키는 고양이 마멀레이드는 내 작업의 효율성을 3분의 1쯤 저하시킨 데 전적으로 책임이 있다. 반면에 스노우이는 행복을 퍼뜨리는 덩치가 큰 녀석이다. 이 녀석의 유일한 악덕은 한 시간마다 밥을 먹어야 한다는 것이다. 기즈모와 마일리는 하루 종일 아무렇게나 누워서 하릴없이 짖으며 자연스럽게 돌아다닌다. 새 가족이자 누구의 개인 공간도 가리지 않는 이탈리안 그레이하운드 스타시는 상대방의 마음 문을 쉽게 연다. 한결 같으며 사색적인 썸

퍼는 당근을 씹으며 앉아 있는 자신의 조용한 일상을 그만저만 유지하고 있다.

마지막으로, 당연히 우리 가족.

교사, 대학원생, 작가, 우리 아이들의 엄마이자 31년째 사랑스런 아내인 수Sue. 당신만의 용감한 여정과 우리가 함께한 여정에 감사한다. 딸 엘리자베스 페터스Elizabeth Petters는 8장에서 자기 이야기를 살짝 다룰 수 있도록 허락해 주었다. 너와 네 엄마야말로 우리 가족 중에서 진짜 작가란다. 난 그저 타이핑을 하고 최선의 결과를 바랄 뿐이지. 정돈된 생활을 하면서 의미 있는 삶을 추구하는 믿음직하고 진실된 영혼 에릭Erich과 정직하고 강철같이 용감하며 인정 많은 용의 여왕 전사 소피Sophie에게도 감사를 전한다.

주·성경 색인

주

1. 내가 무엇을 믿는지 더 이상 모르겠다

1.　2007년에 개봉한 이 영화의 원작은 1977년 출간된 캐서린 패터슨Katherine Paterson의 책이다. 이 책은 현재 하퍼콜린스 출판사에서 나오고 있다. 《비밀의 숲 테라비시아》.

2. 우리는 어쩌다 이런 혼란에 빠졌을까

1.　다윈의 고전은 1859년에 출간되었고 초판은 하루 만에 매진되었다. 내가 갖고 있는 책은 초판의 복제본으로 1964년 하버드대학교 출판부에서 출간했다.

2.　이 프로젝트에 관한 콜린스의 첫 번째 저서는 《신의 언어 *Language of God: A Scientist Presents Evidence for Belief*》(김영사)이다. 그가 집필한 책 중에 도움이 될 만한 다른 책으로는 칼 기버슨Karl W. Giberson과 함께 쓴 *The Language of Science and Faith: Straight Answers to Genuine Questions*가 있다.

3. 지구의 나이는 흔히 45억 년 정도로 알려져 있다. 위키피디아Wikipedia의 "지구의 나이" 항목에 따르면, 지구의 나이는 45억 4천만 년±5천만 년이라고 한다.

4. 이 단락에 나온 숫자는 위키피디아의 "빛의 속도"와 "관찰 가능한 우주"에 근거한다.

5. 19세기 영국의 이집트학자 플린더즈 페트리Flinders Petrie는 '현대 고고학의 아버지'로 여겨진다. 체계적인 그의 발굴 방법론과 유물 연대 결정은 곧 분야의 표준이 되었고 고대 근동(근대 중동)을 더욱 잘 이해할 수 있게 해 주었다. 초창기 발견된 것들 중 성경에 대한 우리의 이해에 충격을 안긴 것은, 바빌론 창조 신화인 에누마 엘리쉬Enuma Elish(아마도 일찍이, 주전 18세기부터 있었던)이다. 이 이야기는 여러 부분에서 창세기 1장과 흡사하여, 학자들로 하여금 성경과 그보다 더 오래된 고대 이스라엘 주변국 문학 사이의 또 다른 유사점을 검토하게 하였다. 나는 *The Bible Tells Me So*의 3장에서 에누마 엘리쉬에 대해 좀 더 다루었다. 페트리가 살던 시대와 '성서 고고학'이라 알려지게 된 학문의 초창기 이래로, 다수의 문서와 유물이 발견되었다. 이것들은 고대 이스라엘을 그 역사적·문화적 맥락 가운데 자리 잡을 수 있도록 하는 데 도움을 주었다. 물론 학자들은 세부 사항에 대해 때로 격렬하게 논쟁하지만 '성경의 세계'가 우리로 하여금 성경을 잘 이해할 수 있도록 해 주었다는 데에는 이견이 없다.

6. 독일의 구약학자 율리우스 벨하우젠Julius Wellhausen은 영향력 있고 논란의 여지가 많은 명작 《이스라엘사 서설Prolegomena to the History of Ancient Israel》을 1882년에 출간했다. 이 책은 몇 세대를 거슬러 올라간 유럽 다른 학자들의 연구에 근거한 것이다. 벨하우젠은 모세오경이 주전 10-16세기 사이에 기록되었으며, 원래부터 개별적인 네 문서였는데 바빌론 포로기 이후인 5세기에 하나로 편집되었다고 주장했다. 오늘날 대부분의 학자들은 벨하우젠 이론의 세부 사항에 의문을 제기하지만, 모세오경이 오랜 기간 발전을 거쳐 탄생했다는 개념에는 심각하게 이의를 제기하는 학자가 없다. 일부 학자들은 '진화'라고 부르기도 한다.

7. 노예제 논란의 결과로 나타났던 성경적 권위의 위기에 대한 훌륭한 설명으로

는 마크 놀Mark A. Noll의 *The Civil War as a Theological Crisis*를 보라.

8.   교회를 개혁하려는 루터의 소명은 의도하지 않은 결과를 낳았다. 모든 문제가 복잡하게 얽혀 있어서 몇 문장으로 담아내기가 어렵다. 훌륭한 (가격이 비싸고 현학적이긴 하지만 읽을 만한) 참고 자료로는 트레비스 프램튼Travis L. Frampton의 저서 *Spinoza and the Rise of Historical Criticism of the Bible*(T&T Clark, 2006)이 있다. 가장 핵심적인 장은 제2장 "프로테스탄트주의와 성경의 역사적 의미"이다. 예를 들면, 루터는 가톨릭 지배 계급과의 논쟁에서 자신의 관점을 옹호하기 위해 성경과 '순수 이성'에 호소했다. 이는 나중에 스피노자 같은 보다 급진적인 인물들이 사용했던 바로 그 수사법이다.

9.   이 구절은 뼛속까지 철학자이고 조직적인 종교와는 친분이 없었던 바뤼흐 스피노자Baruch Spinoza, 1632-1677의 말이다. 그는 1670년에 출간한 유명한 저서《신학 정치론》에서 이 말을 지속적으로 사용한다. 이 책의 현대판은 조너선 이스라엘Joanthan Israel이 편집한 *Spinoza: Theological-Political Treaties*이다.

10.   최근 몇 십 년 동안 성경학자들과 신학자들은, 과거와 현재, 실재의 본질에 대해 확실하고 객관적인 지식을 줄 수 있다는 확신을 가지고 현대적 지식 프로젝트 전반에 의문을 제기해 왔다. 성경학자들이 쓴 현대성modernity에 대한 두 가지 주요한 비판으로는 월터 브루그만Walter Brueggemann의 *Texts Under Negotiation*과 월터 윙크Walter Wink의 *The Bible in Human Transformation*이 있다.

---

3. "하나님, 당신은 약속을 어기고 나를 버렸습니다"

1.   시편은 그 '분위기'에 따라 여기서 내가 주장하는 것처럼 분류할 수 있다. 성경학자들은 우리가 성경에서 마주치는 다양한 종류의 시편들을 꼼꼼하게 설명하는 데 엄청난 양의 잉크를 쏟아 부었다. 학자들은 이러한 범주에 전적으로 동의하지는 않으며, 항상 똑같은 어휘를 사용하지도 않는다. 그러나 당신이 시편을 소개

하는 어떤 책이든가(버나드 앤더슨Bernard Anderson의 *Out of Depth*), 혹은 제대로 된 주석 성경을 보게 된다면(*The New Interpreter's Study Bible, The HarperCollins Study Bible, The Jewish Study Bible*) 굉장히 다양한 시편을 읽게 된다. 어떤 시편들은 개인이 노래한 반면, 또 다른 시편들은 공동체가 단체로 노래한다. 우리는 지혜의 시편, 왕의 시편, 행렬 의식과 더불어 감사, 찬양, 불평, 탄식, 청원을 표현하는 시편을 볼 수 있다. 시편은 고대 이스라엘의 다양하고 아름다운 경배와 신앙의 노래들을 모은 책이다.

2.   성경의 어두운 측면을 가리키기에 너무나 적당하면서도 이스라엘의 중심 줄거리에 의문을 제기하는 이 용어는, 월터 브루그만의《구약 신학*Theology of the Old Testament: Testimony, Dispute, Advocacy*》(기독교문서선교회)에 나온다.

3.   이 문장은 새뮤얼 러더퍼드의 저서《새뮤얼 러더퍼드 서한집*The Letters of Samuel Rutherford*》(CH북스) 가운데 "1837년 쿨로스 부인에게 보내는 74번째 편지"에서 인용했다.

---

4. 우리가 귀 기울여야 할 불행한 두 사람

1.   전도자라는 이름은 '모으다'라는 의미의 히브리어 동사 '카할*qahal*'에서 유래했는데, 이는 전도자가 '모임의 지도자'임을 암시하며 그 이름을 '선생'이나 '설교자'로 번역하는 것보다 훨씬 낫다. 그래도 이 호칭은 그대로 두는 편이 가장 좋을 것 같다. 전도자는 가상의 인물이자 왕의 모습을 띤 문학적 페르소나이며 전도서 기자의 신학적 메시지를 품고 있는 존재이다. 이 모든 내용은 내가 집필한 *Ecclesiastes*라는 제목의 주석서에서 다루었다.

2.   욥의 마지막 말욥 42:1-6은 관례적으로 욥이 하나님 앞에 자신을 낮추고 그분의 권위에 묵묵히 동의하는 것으로 이해된다(특히 6절). 이 구절의 의미는 논란이 되고 있지만 (성경학자들 사이에서는 아니다!) 주석서나 주석 성경은 이 같은 관습적 해석

으로 문제를 설명한다. 일부 해석가들이 보기에 욥은 입장을 바꿔 죽은 척하고 있는 것에 지나지 않는다. 간단히 말해, 욥은 초반 몇 절에서 하나님을 흉내 내고 있으며 6절은 참회의 순간이 아니라 욥이 자신의 입장을 고수하고 있는 것이다. "저는 제 주장을 거두어들이고 티끌과 잿더미 위에 앉아서 회개합니다"새번역 혹은 "제 자신이 혐오스러우며 불쌍한 인간성에 연민의 정을 느낍니다"(유대교 주석 성경). 욥은 하나님 앞에 자신을 낮추고 "졌다"고 인정하는 것이 아니라, 하나님이 자신에게 결코 명확한 답을 주시지 않을 것이라는 사실에 체념하고 있다.

---

5. 하나님을 믿는 것, 귀신들도 할 수 있을 만큼 쉬운 일

1.   사실은 그렇지 않다. '피스티스'는 명사로서 믿음이나 신앙을 의미한다. 이 단어의 동사형인 '피스튜오pisteuo'도 있다. 영어에서 신앙faith은 동사가 아니므로 (우리는 무언가를 '신앙'하지 않는다) 번역가들은 다른 단어('믿는다')를 사용하거나 '신앙을 갖다'처럼 조동사를 붙이는데, 이 장에서 보듯 두 가지 모두 혼란을 야기하고 이 단어들이 전달하고자 하는 바를 제대로 이해할 수 없게 된다.

2.   갈라디아서 2장 16절의 바울을 이해하는 이런 방식은, 바울 서신을 전반적으로 더 잘 이해할 수 있기 때문에 최근 몇 십 년간 많은 지지를 받았다. 바울 서신은 죽고 나서 천국에 가게 해 줄 일련의 믿음을 전달하는 데 집중하지 않는다. 대신에 그리스도의 죽음과 부활을 통해 하나님이 유대인과 이방인을 어떻게 하나님의 한 백성으로 만드셨는지에 집중한다. 이는 일부 사람들에게 약간의 허탈감을 줄 수도 있다. 그러나 십자가에 못 박히고 죽음에서 부활하신 그리스도는 이스라엘의 메시아요, 유대인과 이방인 모두의 메시아였다는 바울의 메시지(그가 바울의 '복음'이라 자칭하는)는 바울에게 있어 엄청난 수의 군중을 통제하는 문제였다. 이방인들이 이 유대 메시아를 따르기 시작하자, 예수를 따르는 유대인들은 이 신출내기들이 성경이 명하는 오래된 유대 관습, 즉 할례와 음식 규정 같은 것을 당연히 받아들여야 한다고 생각했다. 바울이 갈라디아서 2장 16절을 비롯한 성경 다른 곳에서 "율법의 행위"로 언급하는 이러한 관습들은 로마 사회에서 누군가를 유대인으로 규정

하는 '정체성 표지'였기에 이방인들이 곧바로 동참해야 한다고 여겨졌다. 그러나 바울은 이러한 관습들이 과거에 성경에서 어떻게 언급되었는지 관계없이 더 이상 누군가를 하나님의 백성으로 규정하지 않는다고 주장했다. 이제는 '율법의 행위'가 아니라 지금 우리가 신뢰하는(믿는) 예수님이 하신 일(예수님의 신실하심)이 규정한다. 이런 유대 관습들이 여전히 유효하고 구속력이 있는지 여부에 대한 의견의 불일치는, 예수님을 따르는 어린 공동체의 해체라는 위협이 되었다. 그러나, 만약 그렇게 된다면 그것은 복음의 효력이 없다는 증거로 보일 것이므로 사실이 아니다. 이처럼 이질적인 신도 집단을 단결시키는 것이 바울의 가장 주된 관심사였다. 우리가 '예수 그리스도에 대한 신앙' 혹은 '예수 그리스도의 신실함' 중 어떤 것으로 읽어야 하느냐에 대한 논쟁은 전자와 후자, 혹은 그 중간 어딘가를 주장하는 학자들 사이에서 오늘날까지도 한창 진행 중이다. 그에 대한 책과 논문만으로 작은 도서관을 채울 수 있을 정도이며, 지난 30여 년간 쓰인 꽤나 훌륭한 주석서들은 반드시 언급되어야 한다. 그중에서도 더 읽어볼 만한 책은 라이트N. T. Wright의 《톰 라이트 칭의를 말하다 *Justification: God's Plan and Paul's Vision or What Paul Really Said*》(에클레시아북스)이다.

3.   믿음의 분투를 잘 파악하고 있다는 이유로 많은 사람의 사랑을 받는 진솔한 기도문이다. 토머스 머튼의 《고독 속의 명상 *Thoughts in Solitude*》(성바오로출판사)을 보라.

4.   이 문제는 *The Bible Tells Me So*의 중심 주제 가운데 하나이다. 나중에 성경한 권으로 묶여진 저술들은, (신구약 모두) 매우 오랜 시간(약 1천 년)에 걸쳐 다양하고 도전적인 역사적·개인적 상황에 있던 사람들에 의해 기록되었다. 그들 모두는 한 목소리로 말하지 않고, 우리도 그들이 그러할 것이라 기대하지 않는다. 나아가 바빌론 포로기 이후 이스라엘의 성경을 편집한 필경사들이나, 주후 2-4세기 사이에 신약을 편찬한 그리스도인들 중 누구도 그런 다양성을 일소하는 데 특별히 관심을 갖지 않았던 것 같다.

1. 이 설문 조사는 〈보통 사람을 위한 성경The Bible for Normal People〉이라는 내 블로그의 "그리스도인의 삶을 위협하는 다섯 가지 주요 도전과 그에 대한 극복5 Main Challenges to Staying Christian, and Moving Forward Anyway"이라는 글에서 찾아볼 수 있다. www.peteenns.com.

2. 성경에 나오는 폭력, 특히 가나안 사람들을 전멸하라는 하나님의 명령은 *The Bible Tells Me So* 2장에서 더 자세하게 살피고 있다. 그 책에서 나는 이러한 폭력적인 이야기가 고대 부족 문화에서 신들을 바라보는 방법을 어떻게 잘 반영하고 있는지에 대해서도 논한다. 대홍수, 가나안 대학살 같은 폭력 행위들은 우리에게 하나님이 어떤 분이신지에 대해서가 아니라, 고대 부족민이었던 이스라엘 민족이 하나님을 어떻게 이해하고 숭배했는지에 관하여 이야기한다. 오늘날의 독자들은 그와 같은 방법으로 하나님을 생각할 필요가 없다. 성경은 하나님의 모든 것을 담은 유용한 정보 모음집이 아니다. 대개는 깊은 통찰과 위안을 주지만 불완전하고 혼란스럽기도 한, 하나님에 대한 이스라엘 민족의 이해를 기록한 것이기 때문이다.

3. 위키피디아의 "빛의 속도"와 "관찰 가능한 우주"에 대해서는 2장 각주를 보라. 랍 벨Rob Bell의 저서 《너는 나를 누구라 하느냐*What We Talk About When We Talk about God*》(넥서스크로스)에는 매우 훌륭한 내용이 있다(2장 "열린 우리가 보지 못하는 무언가가 더 있다"). 그는 우리가 우주에 대해 더 많이 배울수록 우주는 더 신비로워지고 그 모습을 감춘다는 것을 보여 준다. 그 과정에서 과학이 담당한 역할을 살펴본다. 예를 들면, 아원자 입자들은 사라졌다가 어디에든지 갑작스레 나타나고, 시공간은 일정하지 않고 왜곡된다. 과학은 우리에게 신비를 묵살하지 말고 받아들이라고 강요한다.

4. 블레즈 파스칼, 《팡세》제3부 206번 "파스칼의 내기". 생각(*Pensée*) 205번도

눈여겨볼 만하다. "내 생애의 짧은 기간이 그 이전과 이후의 영원한 시간 속으로 흡수되고, 내가 차지하고 내가 보고 있는 이 작은 공간이 내가 모르고 나를 모르는 무한히 넓은 공간 속으로 잠기고 있음을 생각할 때, 나는 내 자신이 저기가 아니라 여기에 있다는 사실에 두려움과 놀라움을 느낀다. 왜 나는 저기에 있지 않고 여기에 있으며, 왜 그때에 있지 않고 지금 있는지를 알지 못하기 때문이다. 누가 나를 여기에 두었는가? 누구의 명령과 지시로 이 장소와 이 시간이 내게 주어진 것인가?" 블레즈 파스칼, 이 전도자를 만나 보라!

5. "창백한 푸른 점"은 칼 세이건이 1980년 자신이 진행한 텔레비전 프로그램 시리즈 〈코스모스Cosmos〉에서 한 감동적인 독백이다. 2014년 닐 디그래스 타이슨 Neil deGrasse Tyson 진행으로 방송된 이 시리즈가 리메이크됐을 때이다. 마지막 화(13 화, "창백한 푸른 점Unafraid of the Dark")의 끝부분에서 지구는 "햇살에 매달려 있는 먼지의 티끌"임을 보여 주는 너무나 멋진 화면과 함께 세이건의 독백을 재연했다.

6. 이 문단과 다음 문단에 나오는 예시들은 앤드루 커리Andrew Curry가 쓴 〈스미소니언 매거진Smithsonian Magazine〉 2008년 11월호 기사 "괴베클리 테페, 세계 최초의 사원인가?"와 위키피디아 "레슬링의 역사", "맥주의 역사", "스톤헨지"에서 인용했다.

7. 위키피디아는 '신경신학'을 다음과 같이 설명한다. "종교적 혹은 영적 믿음과 관습의 신경 상관관계에 관한 과학적 연구를 표현하는 신조어이다. 다른 연구자들은 '영적 신경과학'이나 '종교적 신경과학' 같은 용어를 선호하여 신경신학이라는 용어를 거부했다. 이 분야의 연구자들은 시간이나 공포나 자의식이 해소되었다는 자각, 영적 경외심, 우주와의 일치감, 황홀경, 갑작스런 깨달음, 변화된 의식상태 등과 같은 종교적 경험에 대한 신경학적 기초를 설명하고자 시도하고 있다."

8. 예로 든 두 사고는, 2009년 〈ABC 필라델피아〉("나뭇가지에 깔려 사망한 여성 신원 확인")와 2012년 〈NBC 필라델피아〉("몽고메리 카운티에서 5세 남아 부러진 나뭇가지에 맞아 사망")에서 보도한 내용이었다.

9. 하나님의 사랑에 대해서는 요 3:16과 요일 4:8을 보라. 어머니처럼 양육하시는 하나님에 대해서는 사 49:15과 시 131:2을 보라.

10. 이것은 *The Bible Tells Me So*에서도 다룬 주요한 주제 중 하나이다. 성경에 관한 잘못된 기대감은, 성경을 대할 때 우리가 직면하는 가장 큰 '위기'이다.

---

7. 하나님은 당신이 죽기를 바라신다

1. 최근 들어 점점 더 많은 작가들이 그리스도인의 삶에서 의심의 역할에 대하여 글을 쓰는 것 같다. 이들은 확실히 아픈 곳을 건드린다. 몇 가지만 예를 들면, 브라이언 맥클라렌Brian McLaren의 *The Last Word and After That*, 발레리 타리코Valerie Tarico의 *Trusting Doubt*, 그렉 보이드Greg Boyd의 *Benefit of the Doubt*, 레이첼 헬드 에반스Rachel Held Evans의 *Faith Unraveled*, 필립 얀시Philip Yancy의 《하나님, 당신께 실망했습니다*Disappointment with God*》(IVP), 앤 라모트Anne Lamott의 《플랜 B*Plan B: Further Thought on Faith*》(청림출판) 등이 있다.

2. 제럴드 메이Gerald G. May의 《영혼의 어두운 밤*The Dark Night of the Soul*》(아침영성지도연구원)은 내게 성 십자가의 요한과 아빌라의 테레사를 소개해 준 훌륭한 작품이다.

3. 캐버너와 테레사 수녀가 나눈 대화는 브레넌 매닝Brennan Manning의 《신뢰*Ruthless Trust*》(복있는사람)를 보라. 테레사 수녀의 인생 여정을 서한집으로 묶어 설명한 책으로는 《마더 데레사 나의 빛이 되어라*Mother Teresa: Come Be My Light*》(오래된미래)가 있다. 캘커타가 콜카타로 이름을 바꾼 이후 안식처의 이름도 '순수한 마음을 가진 자들의 집Home of the Pure Heart'으로 바뀌었다.

4. 토머스 키팅은 트라피스트회Trappist의 수사이자 사제로 1970년대 그의 저서는 로마 가톨릭교의 명상 전통을 되살렸다. 《관상 기도를 통해 하느님께 나아가는

길*Invitation to Love: The Way of Christian Contemplation*》(가톨릭출판사)은 우리를 그 순간으로 친절히 안내해 줄 것이다.

---

8. 신뢰하는 습관 기르기

1. 내가 말했듯이 리즈의 이야기는 리즈가 해야 하며, 그렇게 하고 있다. 리즈는 매 순간 하나님을 신뢰하는 삶을 살면서, 깊이 있는 신앙 체험을 바탕으로 블로그를 운영하고 있다.

2. 이 장면은 C. S. 루이스의 《말과 소년*The Horse and His Boy*》(시공주니어)에서, 샤스타가 아슬란에게 아라비스를 다치게 한 이유를 묻는 대목이다. '대학 졸업 후에야' 처음 읽은 나니아 연대기 시리즈가 나에게 얼마나 큰 의미가 있었는지 이루 말로 다 할 수가 없다!! 이 책들은 지금도 나에게 매우 중요하다.

3. 이 부분에서는 2008년 웨스트민스터신학교를 떠날 때가 잠깐 떠오른다. '논란'의 초점은 《성육신의 관점에서 본 성경 영감설*Inspiration and Incarnation*》(기독교문서선교회)의 출간이었다. 이 일은 세상에도 꽤나 알려져서 나는 〈필라델피아 인콰이어러*Philadelphia Inquirer*〉의 표지를 장식하고("궁지에 몰린 교수, 신학교를 떠나다") 지역 NPR 방송국의 관심을 끌기도 했다(그 결과 WHYY의 라디오 타임즈*Radio Times*에 출연해 마티 모스-코언*Marty Moss-Coane*과 대담을 나누었다). 좋은 시절이었다.

4. 제럴드 메이와 토머스 키팅처럼, 전에는 몰랐던 작가들의 책과 더불어 리처드 로어*Richard Rohr*의 *Adam's Return*과 《벌거벗은 지금*The Naked Now*》(바오로딸), 토머스 머튼의 《고독 속의 명상*Thoughts in Solitude*》(성바오로출판사)과 제임스 마틴*James Martin*이 소개하는 머튼과 다른 작가들에 관한 책 *Becoming Who You Are*, 헨리 나우웬*Henri Nouwen*의 《마음에서 들려오는 사랑의 소리*The Inner Voice of Love*》(바오로딸), 그레고리 메이어스*Gregory Mayers*의 《사막에 귀를 기울여라*Listen to the Desert*》(바오로딸), 로완 윌리엄스*Rowan Williams*의 《신뢰하는 삶*Token of Trust*》(비아), 키스 밀러*Keith*

Miller의 *Compelled to Control*, 데이비드 베너David Benner의 *Spirituality and the Awakening Self* 등 몇몇 다른 책들을 살펴보고 다시 찾아보게 되었다. 여기에다, 내가 신학교에 재직하는 동안 단 한 번도 긍정적 관심을 보인 적이 없었던 동방 정교회를 가볍고 설득력 있게 소개해 주는 프레드리카 매튜스 그린Frederica Matthews-Green의 *The Jesus Prayer*, *At the Corner of East and Now*와 제임스 파울러James Fowler의 고전 《신앙의 발달 단계*Stages of Faith*》(한국장로교출판사)도 포함하고 싶다. 내가 언급하고자 하는 다른 이들로는 홈즈 하트숀M. Holmes Hartshorne(*The Faith to Doubt*)과 대니얼 테일러Daniel Taylor(*The Myth of Certainty*, *The Skeptical Believer*)가 있다. 책 추천은 밤새도록 할 수도 있다. 이 각각의 책을 읽는 것은, 신앙생활이 어떤 모습을 보여 줄 수 있는지에 대한 다양한 견해를 내 안에 고무시키는, '아하!'와 함께 찾아온 또 다른 깨달음의 순간이었다. 나는 그 순간이 불안하면서도 치유와 자유를 준다는 것을 깨달았다. 이 책들은 나의 오랜 벗이 되었다.

5. 조셉 캠벨Joseph Campbell(*The Power of Myth*), 로버트 블라이Robert Bly(*Iron John*), 돈 미겔 루이즈Don Miguel Ruiz(*The Four Agreements*), 샘 킨Sam Keen(*Fire in the Belly*) 같은 작가들을 말한다. 빅터 프랭클Viktor Frankl의 고전 《죽음의 수용소에서*Man's Search for Meaning*》(청아출판사)도 다시 읽었다(딸과 아내도 딸이 애리조나에 가 있을 동안 이 책을 읽었다).

6. 나는 여기서 제임스 홀리스James Hollis의 《인생 2막을 위한 심리학*Finding Meaning in the Second Half of Life*》(부글북스)과 더불어 리처드 로어(처음엔 팟캐스트, 그리고는 《위쪽으로 떨어지다*Falling Upward*》라는 책을 통해)를 다시 한 번 언급해야겠다.

7. 예수님의 재림에 대한 대안적이면서 도발적인 이해에 있어서는 앤드루 페리먼Andrew Perriman이 'P.OST'(postnost.net)에 올린 많은 글을 보라. 그는 재림을 성경의 개념적 틀로 가장 잘 이해할 수 있다고 주장한다. 무슨 뜻이냐면, 예루살렘 멸망, 로마제국 도처에서 확산되고 발달했던 그리스도인 공동체, 궁극적으로는 이교도 로마제국의 전복과 이 제국이 그리스도를 왕으로 인정하고 고백한 사건 등은 정치적으로 실현되었다는 것이다. 이는 신실한 이스라엘에 대한 박해를 종식시키고, 열방에서 이스라엘의 하나님을 예배하는 결과를 불러온다. 당신이 이런 주장

을 설득력 있다고 생각는지의 여부와 관계없이, 그럼에도 불구하고, 교회는 고대 이스라엘과 그들을 계승한 유대교와 마찬가지로 여전히 오랜 기다림 가운데 있다.

---

9. 신뢰를 넘어서

1.   내가 이런 생각을 하게끔 만든 훌륭한 책이 바로 폴 핸슨Paul Hanson의 *Dynamic Transcendence: The Correlation of Confessional Heritage and Con-temporary Experience in a Biblical Model of Divine Activity*이다. 그는 성경에 나오는 '형식-개혁'이라는 역학을 주장한다. 율법은 구약에서의 대표적 사례이다. 율법은 이스라엘 민족이 노예 생활에서 해방됨과 동시에 주어졌는데, 짐이 아니라 자유이자 하나님과 연결된 언약의 끈을 표시했다. 그러나 그 형식은 시간이 흐름에 따라 제도화되어 한낱 의식에 불과하게 되었다. 선지자들은 이에 대해 이렇게 말했다("나는 인애를 원하고 제사를 원하지 아니하며 번제보다 하나님을 아는 것을 원하노라", 호 6:6). 예수님은 산상수훈에서 이와 유사한 분위기를 풍기셨다("[모세의 율법에서] 너희가 들었으나…나는 너희에게 이르노니…"라는 말이 마 5:21부터 여러 차례 등장한다). 예수님이 선지자들을 두고 말씀하신 것처럼, 개혁에 저항한 것은 문지기들 곧 무슨 수를 써서라도 낡은 형식을 유지하기 위하여 투자를 많이 한 이들이었다. 핸슨이 주장하는 이런 '형식-개혁' 양식은 기독교 역사 곳곳에서 활약해 왔는데, 그것은 불가피해 보인다. 암기 전통으로 형성된 이전의 견해들을 개혁하는 방식은 기피해야 할 유감스런 상황이 아니라, 모든 신앙 전통의 핵심─문자가 아니라─에 대한 끊임없고 깊은 충절을 보장하는 수단이다.

2.   내가 여기서 나훔과 요나서에 부여한 연대는 성경학자들 간에 논란의 여지가 없다. 요나서는 페르시아 시대에 쓰였는데, 페르시아는 주전 539년 바빌론 제국을 분열시킨 뒤 332년 그리스가 나타날 때까지 현재의 인도에서 이집트, 소아시아까지 지배했다. 나훔은 주전 612년 아시리아의 수도 니느웨가 멸망한 때와 비슷한 시기인 7세기 중반부터 후반 사이에 쓰인 것으로 추정한다.

성경 색인

확신의 죄

피터 엔즈 지음 | 이지혜 옮김

2018년 10월 15일 초판 1쇄 발행

펴낸이 김도완
등록 제406-2017-000014호
전화 031-955-3183
이메일 viator@homoviator.co.kr

펴낸곳 비아토르
주소 경기도 파주시 문발로 197 102호
팩스 031-955-3187

편집 김현정 임혜진
제작 제이오

디자인 이파얼
인쇄 (주)민언프린텍

제본 (주)정문바인텍

ISBN 979-11-88255-18-4 03230

저작권자 ⓒ 피터 엔즈, 2018

이 도서의 국립중앙도서관 출판예정도서목록(CIP)은 서지정보유통지원시스템 홈페이지(http://seoji.nl.go.kr)와
공동목록시스템(http://www.nl.go.kr/kolisnet)에서 이용하실 수 있습니다.(CIP제어번호: CIP2018028928)